印光大師教言選講

在家居士修行之道

四明智廣　著述

目錄

CONTENTS

序

南無本師釋迦牟尼佛！

一九九八年，因仰慕印光大師一生行化，以身弘法，道盛德隆，末學遂發心朝拜印祖曾駐錫之蘇州靈岩山寺，自山腳三步一拜，拜至靈岩山寺，於大雄寶殿發菩提心求生極樂。遂得上明下學大和尚攝受，為皈依弟子，慈悲給予許多開示，並授予《印光法師文鈔全集》，囑咐深入學修弘揚。末學多年來不斷研習，獲益良多。

二〇一一年一月十二日～十八日，於新加坡為眾居士開講《在家居士修行之道——印光大師教言選講》系列課程，當時網路上聽者皆大歡喜，皆受法益。後由文宣義工道友整理，連載於《一乘》雜誌。

本書再次整理了這一課程之講記，主要針對初學佛之在家居士，依靠印光大師為主的前輩高僧大德智慧給予大家佛法修行之切實指導。

在此紛亂時代，印祖之智慧教言仍然具有極大價值，對於現代社會在家居士之修行極具指導意義。多年來，見諸修行人遵循者往往違緣極少，違逆者則障礙重重，越發驗證印祖之言真實不虛。

希望以此佛陀與祖師之智慧為大家解開修行困惑，願此智慧明燈引領你不斷向內探索，直至自性本具之悲智得以全然開顯，並以此慈悲與智慧之光明溫暖人間。

京都四明山一乘院 院主 權大僧正 傳燈大阿闍梨 智廣合十

述於二〇一九年九月一日准提寺顯密講修院開學之日

在家居士修行之道

——印光大師教言選講

（二〇一一年一月十二～十八日 智廣阿闍梨開示於新加坡）

《在家居士修行之道》主要講解印光大師所開示的關於在家居士如何修行、工作及生活的教言。

印光大師是民國高僧，淨土宗第十三代祖師，公認的大勢至菩薩的化身。大師一生中宣講了很多針對在家居士的教言，對今日之學人亦有很大的指導意義。

第一講

◆◆◆

修行佛法到底是出家好還是在家好？

第一講

修行佛法到底是出家好還是在家好？

原文

今藩籬大撤，在家人研究修習者其多如林，得利益生西方者，亦常有其事，何得要離親出家乎。此事光絕不贊成。按實說，當今修行，還是在家人好，何以故，以一切無礙故。出家人之障礙，比在家人多，是以非真實發道心者，皆成下流坯，無益於法，有玷於佛也。

（節選自《印光法師文鈔》【增廣卷一．書一】復唐大圓居士書）

若欲出世，亦不須另起爐灶，但依佛之言教，對治煩惱習氣，俾其淨盡無餘即已。雖身在俗境，不妨斷惑證真，了生脫死，以進趣佛果。如西天之維摩居士，及此土之傅大士，李長者，龐居士等。即力有不及，又有仗佛慈力，往生西方一法，以為恃怙，豈必盡人捨俗出家，方為佛弟子乎。

（節選自《印光法師文鈔》【增廣卷三・序】佛遺教經解刊佈流通序）

很多人都會思考：修行佛法到底是出家好，還是在家好？也有不少人到我面前來問過這個問題，想要在出家和在家之間作出抉擇，希望我給他們一個建議。這的確是一個最重要的人生抉擇，需要慎重。

其實出家和在家修行都各有利弊，歷史上獲得成就的人，出家和在家的都有很多。選擇走什麼樣的路，我覺得關鍵還是要根據個人的情況而定。

今天我們在這裡摘錄了兩則印光大師的教言，大家可以從側面去作一個瞭解和思考。

◆今藩籬大撤，在家人研究修習者其多如林，得利益生西方者，亦常有其事，何得要離親出家乎。此事光絕不贊成。按實說，當今修行，還是在家人好。

印祖說，現在在家人修行佛法已經沒有障礙了。以前，學習古代經典和修行佛法的機會，可能出家人比較多一點，在家人少一點，但是現在這個時代已經沒有這個問題了，可能在家人比出家人更加方便。

在家人研究修習佛法的「其多如林」，這是印祖所說的民國時候的情況，其實現在也是如此。

在家人在佛法中得到利益、往生西方的，也是經常有的，又為什麼要離開親人出家呢？這個事情光（印光大師自稱）「絕不贊成」。說實話，現在這個時代，要修行還是在家人更有利。

這則印祖嘉言節選自《印光法師文鈔》（增廣卷一．書一）中的一篇《復唐大圓居士書》。印祖也是在回覆一位居士有關出家還是在家的問題，對這位居士分析了各種情況之後，印祖給他作了這番開示。

◆何以故，以一切無礙故。出家人之障礙，比在家人多。是以非真實發道心者，皆成下流坯，無益於法，有玷於佛也。

為什麼呢？因為在家人修行沒有什麼障礙。出家人的修行障礙比在家人要多。出家人如果道心並非真實，不夠堅固，恐怕會更不如法。不但對佛法沒有利益，反而玷污了佛，給佛丟臉，以身謗法，所以千萬要小心。

印祖專門針對這位居士的情況而作了這樣的勸告。當然，每個人的情況都不盡相同。

宗薩欽哲仁波切十七歲的時候曾經向父親請教自己應該出家還是結婚時，他父親回答他說：「隨你便，反正兩者都一樣麻煩。」

如果想要以逃避的心態去出家，其實最終也是逃不了的，在家有在家的麻煩，出家有出家的麻煩。

所以，如果不是出於真正的菩提心出家，那就不是很好。大家一定要真誠面對自己，不要自欺欺人。

「出家乃大丈夫之事，非將相所能為也。」真正的出家不是一般人可以做得到的，這一點大家一定要明白。

在印祖文鈔中，也有多處談到出家與在家的對比，其中關於什麼樣的人可以出家，印祖曾說：「第一要真發自利利他之大菩提心，第二要有過人天姿，方可剃落。」又說，「夫隨意出家，於上士則有大益，於下士則大有損……而上士如麟角，下士如牛毛。」

從印祖文鈔中我們可以瞭解到，印祖對於出家的標準，要求還是比較高的，認為真正已經發起了大菩提心的上根之人才能出家。

◆若欲出世，亦不須另起爐灶，但依佛之言教，對治煩惱習氣，俾其淨盡無餘即已。

這一句話把佛法說完了。為什麼說把佛法說完了呢？若想出世獲得解脫，不需要你離開家庭，不需要你離開現在的環境，只要依照佛陀的言教，對治煩惱習氣就可以了。「俾其淨盡無餘即已」，煩惱全部對治完了，乾淨了，你就成佛了，就功德圓滿了。

最重要的就是要對治煩惱習氣，這就是佛法的要點。什麼是佛法？什麼是非佛法？如果我們依照佛陀的教言對治煩惱習氣，這就是佛法；如果沒有對治煩惱習氣，那就不是佛法。

◆雖身在俗境，不妨斷惑證真，了生脫死，以進趣佛果。如西天之維摩居士，及此土之傅大士，李長者，龐居士等。

我們身體雖然在俗世的環境當中，但是不妨礙我們斷除迷惑，證得真如本性。你如果好好修行，同樣可以了脫生死，同樣可以進趣佛果。

下面印祖舉了幾個例子，這些都是在家居士即身成就的典範：印度的維摩詰居士，中國義烏的傅大士傅翕，專門研究《華嚴經》的李長者李通玄，學禪宗最後全家都開悟的龐居士龐蘊。

◆即力有不及，又有仗佛慈力，往生西方一法，以為恃怙，豈必盡人捨俗出家，方為佛弟子乎。

即使我們智慧不夠，斷惑證真的能力有限，也許不能夠達到即身成就，但是我們還可以仰仗阿彌陀佛的大悲願力，帶業往生西方極樂世界，以此作為我們的依靠。難道一定要所有人都捨俗出家才算是佛的弟子嗎？

印祖說得非常清楚，非常明白，在家居士如果善根福德因緣成熟，也可以即身成就；哪怕不能即身成就，也可以往生淨土，沒有問題，並不是一定要出家的。在這裡印光大師給在家居士的修行也指明了方向，樹立了信心。

思考題

1. 印祖認為什麼樣的人才能出家？
2. 出家修行最要警醒自己的是什麼？
3. 你怎麼理解宗薩仁波切父親的那句話？
4. 佛法的要點是什麼？
5. 文中列舉了哪幾個在家居士即身成就的典範？你還知道哪些？
6. 印祖給在家居士指明了怎樣的修行方向？

第二講

賢良人格

第二講

賢良人格

原文

至於學佛一事，原須克盡人道，方可趣向。若於孝弟忠信禮義廉恥等事，一不實踐。雖終日奉佛，佛豈祐之哉。良以佛教該世出世間一切諸法。故於父言慈，於子言孝。各令盡其人道之分，然後修出世之法。譬如欲修萬丈高樓，必先堅築地基，開通水道。則萬丈高樓，方可增修，且可永久不壞。若或地基不堅，必至未成而壞。語云，選忠臣於孝子之門，學佛者亦復如是。昔白居易問鳥窠禪師，曰如何是佛法大意。師曰，諸惡莫作，眾善奉行。欲學佛法，先須克己慎獨，事事皆從心地中真實做出。若此人者，乃可謂真佛弟子。若其心奸惡，欲借佛法以免罪業者。何異先服毒藥，後服良藥。欲其身輕體健，年延壽永者，其可得乎。

（節選自《印光法師文鈔》【增廣卷二・書二】與丁福保居士書）

◆至於學佛一事，原須克盡人道，方可趣向。

在本段中，印祖首先講到「至於學佛一事，原須克盡人道」，意即若想修行有所成就，首先需要把人做好；如果人都做不好，想要成佛那是不可能的。

◆若於孝弟忠信禮義廉恥等事，一不實踐。雖終日奉佛，佛豈祐之哉。

孝、悌、忠、信、禮、義、廉、恥，這是華人古代儒家所提倡的八個綱要，是我們做人必備的八條原則。這句話的含義是：如果沒有力行與落實孝、悌、忠、信、禮、義、廉、恥，哪怕我們每天都求佛、拜佛，也不可能得到佛陀的護佑。為什麼呢？並不是因為佛陀不慈悲，而是我們所做的事情與佛不相應，佛陀的加持自然無法來到我們的心中。

很多人都會在初一、十五吃齋念佛，到寺院拜佛敬香，希望以此得到諸佛菩薩的加被與護佑，但如何才能得到佛菩薩的加持與庇佑，快速得到感應呢？首先需要諸惡莫作，眾善奉行，要力行孝、悌、忠、信、禮、義、廉、恥這些做人的基本原則。

◆良以佛教該世出世間一切諸法。

佛陀的教法既包括了我們在世間如何獲得幸福圓滿、修身齊家治國平天下的方法，也包括了出世間如何獲得解脫、證悟成佛的方法。在佛陀的教法裡全都圓滿，全都涵蓋了。

◆故於父言慈，於子言孝。

在佛教中，對父母的要求是對子女應有慈愛之心，對子女的要求是要孝順父母。

◆各令盡其人道之分，然後修出世之法。

每個人都有自己的本分和應盡的義務，做子女有子女的本分，做父母有父母的本分，做丈夫有丈夫的本分，做太太有太太的本分，每個人都有各自的本分。佛陀教導我們首先應盡好本分，做好自己該做的事情，這就是儒家所講的「父慈子孝，夫義婦德，兄友弟恭」等（孟子把人倫關係概括為五種，即父子有親、君臣有義、夫婦有別、長幼有序、朋友有信）。五倫關係就是每個人的本分。在佛教裡講的是六種關係，在《善生經》當中有具體的闡述。

我們只要盡到本分，自然就天清地寧，一切都吉祥如意；如果違背本分，就會出現不吉祥的事情。

因此，印祖首先教誡我們要把人做好，然後修出世之法。出世之法是教我們如何解脫、證悟、成佛的方法，即從出離心、菩提心到空性見的教法（詳見宗喀巴大師《三主要道論》）。

◆譬如欲修萬丈高樓，必先堅築地基，開通水道。則萬丈高樓，方可增修，且可永久不壞。若或地基不堅，必至未成而壞。

在這裡，印祖作了一個比喻，就像我們要造萬丈高樓，首先要把地基打好，要把水道開通好，則萬丈高樓才能平地而起，才能永久不壞。

如果我們基礎沒有打好，萬丈高樓造了一半就會倒掉。前面的基礎都打好了，開悟成佛都是必然的事情。所謂的基礎，印祖在這裡所指的就是賢良的人格。

◆語云，選忠臣於孝子之門，學佛者亦復如是。

我們在世間法裡面，在哪裡找忠實的下屬？從孝子中可以找到。學佛也是一樣，如何才能解脫成佛呢？首先要成為一個賢良的人。

◆昔白居易問鳥窠禪師，曰如何是佛法大意。師曰，諸惡莫作，眾善奉行。

過去，白居易請教鳥窠禪師：「什麼是佛法的大意？」鳥窠禪師回答：「諸惡莫作，眾善奉行。」當時白居易馬上回答：「三歲小兒都道得。」三歲的小孩子都會講這個。鳥窠禪師又說：「三歲小兒都道得，八十老翁行不得。」雖然三歲的小朋友都會說，但八十歲的老人都不一定能做得到。雖然每一個人都會講，但是大多數人都做不到。

◆欲學佛法，先須克己慎獨。

從這句開始，印祖就開示了具體的修行方法。

「克己」就是我們修行佛法的人要對治自己的我執，削弱乃至斷除我執。學佛的人不能總是用佛法的教義去對治別人，而應對治自己。如果是在對治自己的我執、自己的習氣、自己的煩惱，這就是佛法；如果相反，總是對外嗔恨別人，找別人的毛病，去戰勝別人，這並非佛法。佛法最重要的是「克己」。

「慎獨」就是在沒有人在場時，還能時刻謹慎小心，懂得觀照身口意三門，不要去種下負面的種子。因為身語意所種下的所有的因，未來全部都會回到自己的身上。修行不是為別人看而做的，而是為自己而做的。修行也不是為了別人而修的，雖然我們最終的目標是要度化一切眾生，但是首先得度化自己，為此而修行。「先須克己慎獨」，這是很難做到的。很多修行人在大庭廣眾之下，看起來非常相好莊嚴，但一個人時就會懈怠放逸，甚至會做一些不如法的事情，這就是修行不好的表現。修行好的人，不管有人沒人都是一個樣。古語云：「舉頭三尺有神明。」不管我們是獨處還是在大庭廣眾之中，其實諸佛菩薩對我們的言行舉止都是完全清楚明瞭的。

◆事事皆從心地中真實做出。

做任何的事情都是真心真意發善心去做，不自欺、不欺人，並能發菩提心去做，這就叫真心。

◆若此人者，乃可謂真佛弟子。

這就是真正的佛陀的弟子。

◆若其心奸惡，欲借佛法以免罪業者。

有一些學佛人，為何學佛拜佛呢？是希望佛菩薩免除自己的罪業，因為造了很多惡業，做了很多壞事，殺、盜、淫、妄語、綺語、兩舌、惡口、貪、嗔、癡這十惡業做得太多。一邊造惡業，一邊希望通過佛法把罪業免除掉。印光大師在此處講得很清楚，內心中的惡念不改過來，想要借佛法的力量來消除罪業是不可能的。

◆何異先服毒藥，後服良藥。欲其身輕體健，年延壽永者，其可得乎。

就如同先喝了毒藥，再喝良藥，想要身體健康、綿延壽永是不可能的。我們的心不改過來，修學佛法不一定有很好的效果，因為我們的心跟佛不相應。怎樣才能夠學佛得到很好的效果？首先心要破迷開悟，要斷惡行善。如果我們內心當中的這些貪嗔癡沒有消除，以此來修行佛法是不會相應的。

我們如何能把過去的惡業消除掉？在佛法中講到一定要具足四種對治力。哪四種對治力呢？

第一，依止力。首先依止三寶，依止佛菩薩，依止傳承上師。

第二，破惡力。要知道自己過去所做的不對。

第三，悔過力。發願從此以後再也不做了，內心當中的貪嗔癡惡念也好，行為的殺盜淫也好，語言的妄語、綺語、兩舌、惡口也好，發願從此再也不做了。

第四，對治力。不但不做錯事了，還要做相反的行為。以前殺生，現在就要保護生命，放生茹素；過去偷盜，現在上供下施；以前邪淫，現在受持清淨的戒律，宣揚戒除邪淫的道理。這些都是相反的行為。至於內心中的貪嗔癡惡念，本來是貪心，我們現在要盡量地修施捨心；以前是嗔恨心，現在盡量發慈悲心；過去是愚癡邪見，現在要聞思修智慧。這都是相反的心念。

如此，便可以消除罪業，如果不具足這四種對治力，罪業是無法消盡的。

以上所學的是印祖的一段開示，印祖的開示非常地懇切、重要。如果我們沒有按照這段教言去做，修行是不會成功的。希望引起諸位道友的重視。

◆思考題◆

1. 怎麼樣求佛拜佛才會快速得到感應呢？
2. 白居易與鳥窠禪師的故事給你哪些啟發？
3. 「欲學佛法，先須克己慎獨」，請你談談如何力行克己？如何力行慎獨？
4. 我們如何能消除掉過去的惡業？

第三講

◆◆◆

出世間的孝道

第三講

世出世間的孝道

原文

孝之為道，其大無外。一切諸善，無不彌綸。然有世出世間，大小本跡之異。世間之孝，服勞奉養以安其身，先意承志以悅其心，乃至立身行道以揚名於後世。雖其大小不同，皆屬色身邊事。縱令大孝格天，究於親之心性生死，無所裨益。所謂徒徇其跡而不究其本。況乎殺生以養以祭，俾親之怨對固結，永劫酬償不已者乎。出世間之孝，其跡亦同世間服勞奉養，以迄立身揚名。而其本則以如來大法，令親熏修。親在，則委曲勸諭，冀其吃素念佛，求生西方。吃素則不造殺業，兼滅宿殃。念佛則潛通佛智，暗合道妙。果能深信切願，求生西方。必至臨命終時，蒙佛接引，托質九蓮也。從茲超凡入聖，了生脫死。永離娑婆之眾苦，常享極樂之諸樂。親沒，則代親篤修淨業，至誠為親回向。心果真切，親自蒙益。若未往生，可即往生。若已往生，高增蓮品。既能如是發心，則與四宏誓願相應，菩提覺道相契。豈獨親得蒙益，而己之功德善根，蓮台品第，當更高超殊勝矣。而況以身說法，普令同倫發起孝思乎。此其孝方為究竟實義。非若世間只期有益於色身及現世，竟遺棄其心性與未來而不論也。是知佛教，以孝為本。故梵網經云，孝順父母師僧三寶，孝順至道之法，孝名為戒。又於殺盜淫各戒中，皆言應生慈悲心，孝順心。於不行放救戒中，則云一切男子是我父，一切女人是我母，我生生無不從之受生，故六道眾生，皆是我父母。而殺而食者，即殺我父母。由是言之，佛教之孝，遍及四生六道。前至無始，後盡未來，非只知一身一世之可比也。知是而不戒殺放生，吃素念佛者，豈究竟至極無加之孝乎哉。

（節選自《印光法師文鈔》【增廣卷四・記】循陔小築發隱記）

◆孝之為道，其大無外。一切諸善，無不彌綸。

沒有比孝更大的道了。「彌綸」就是統攝的意思，全部已經包括了。

孝是非常大的學問，不僅僅是對父母好一點而已，而是包含了很多內容。「孝」字可以說是一切德行的根本，這一點在《孝經》裡講得很清楚。但是《孝經》只是談到世間法，沒有談到出世間法。印祖則講得更加全面。

◆然有世出世間，大小本跡之異。

孝道有世間的孝、出世間的孝，有大孝，有小孝，內容深廣。

◆世間之孝，服勞奉養以安其身，先意承志以悅其心，乃至立身行道以揚名於後世。雖其大小不同，皆屬色身邊事。

這一段印祖講的是世間之孝。世間之孝的範圍是什麼？就是「服勞奉養，以安其身」，我們服侍父母，用我們自己的身體勞作來奉養父母親，讓他們舒服，讓他們身體健康；「先意承志以悅其心」就是《弟子規》中所說的「親所好，力為具；親所惡，謹為去」，讓父母親能夠開心；「乃至立身行道以揚名於後世」，就是你光宗耀祖，為父母親乃至列祖列宗爭光。這些事情雖然大小不同，但都屬於「色身邊事」。「色身」就是父母親這一輩子，即上面講的那些對父母的承事，都只是這一輩子的事，對父母再好，他們也只是這一輩子得到利益而已。

◆縱令大孝格天，究於親之心性生死，無所裨益。所謂徒徇其跡而不究其本。

就像二十四孝一樣，縱使你能夠感動上蒼，但是對父母親了脫生死沒有任何好處。他們還是凡夫，你也是凡夫；他們死了要輪迴，你死了也要輪迴。哪怕這輩子你們再幸福圓滿，最後還是大家一起輪迴。「所謂徒徇其跡而不究其本」，這就是「跡」的孝，不是「本」的孝。跡的孝還是在現象上面的孝，不是從本質上來行孝。現象上面的孝就是我們這一輩子讓父母親開心，但是父母親死了以後還是在六道輪迴；本質的孝就是讓父母親能夠超越生死，這是更重要的。

◆ 況乎殺生以養以祭，俾親之怨對固結，永劫酬償不已者乎。

何況是我們為了孝養父母，為父母親殺生，用殺生的動物來奉養父母親、祭祀父母親，這樣的話就為父母親結下許多冤仇，讓父母親生生世世去償還，這是非常愚癡的。這就是我們所謂的世間之孝。

很多世間的孝子都是這樣的：父母親喜歡吃什麼，他就給父母親做什麼、買什麼、殺什麼。包括抽煙、喝酒、吃肉、殺生，只要是父母親喜歡的都去做。從世間來說，好像是孝；但是從根本上來說，是在讓你的父母親生生世世去償還命債，償還業報，這是有問題的。

◆出世間之孝，其跡亦同世間服勞奉養。以迄立身揚名。而其本則以如來大法，令親熏修。

出世間之孝是什麼？出世間之孝，從表面來看跟世間的孝是一樣的，也是要服侍父母親，養父母親之身。也是要為父母親爭光，乃至光耀本家的門楣，讓父母親能夠因為我們而更加榮耀。

但是出世間的孝，除了在現象上面跟世間的孝是一樣的以外，還有一個「本」孝。前面是「跡」孝，後面是「本」孝。

本孝是什麼？以佛陀所傳授的解脫之法，讓父母親熏修，讓父母親能夠遠離生死輪迴的痛苦，能夠永遠獲得解脫。這是出世間的孝一個最重要的特點，它不僅包含了世間的孝，而且超越了世間的孝。

◆親在，則委曲勸諭，冀其吃素念佛，求生西方。吃素則不造殺業，兼滅宿殃。

如果父母親都健在，我們應該勸諭他們，希望他們都能夠吃素念佛，求生西方。吃素就可以不造殺業，同時可以消除過去的業障。但是我們一定要注意勸諭的方式，印祖說要「委曲勸諭」。「委曲」是什麼？一定要順應雙親的心意。父母親怎麼高興，我們就怎麼講。

◆念佛則潛通佛智，暗合道妙。

念佛雖然很簡單，一句「南無阿彌陀佛」，但是只要至誠懇切地去念，就可以不知不覺通了佛的智慧，不知不覺合了道的妙。無上大道是非常妙的，雖然我們不明白，但只要念佛，我們就可以無形當中吻合了道的妙。這叫「潛通佛智，暗合道妙」。如果我們能夠勸父母親盡量地吃素、念佛，就可以真正地幫上父母親，讓他們超越輪迴。

◆果能深信切願，求生西方。必至臨命終時，蒙佛接引，托質九蓮也。

如果讓他們瞭解西方極樂世界的好處，瞭解輪迴的痛苦、輪迴的過患，能夠對求生淨土生起「深信切願」，他們臨終的時候就可以「托質九蓮」。所謂的「托質九蓮」就是指往生淨土有三輩九品——從下品下生到上品上生共有九種，故名「九蓮」。

◆從茲超凡入聖，了生脫死。永離娑婆之眾苦，常享極樂之諸樂。

如果父母親能夠吃素念佛，求生淨土，求生西方極樂世界的話，最後就可以超凡入聖了。他們到了極樂世界就超越了輪迴、了脫了生死，就永遠不會痛苦了。娑婆世界所有的痛苦都可以消除了，就可以享受極樂世界種種的快樂。

這就是父母親在世的時候，我們要盡量努力去做的事情。但是我建議大家一定要注意幾點：

首先要力行世間的孝道。我們首先要盡量地養父母之身、養父母之心、養父母之志。讓父母親身心安樂，滿足父母親的願望，做一個孝順的孩子，讓父母親能夠對我們有信心。

在力行好世間孝道的基礎上，再來勸父母親念佛求生淨土，這樣效果才會好。如果你世間的孝都沒做好，父母親肯定不會對你滿意，肯定不會聽你的話。你所有的話在父母親的耳朵裡根本就沒有任何的作用，那就無法幫上父母。

就像我們要去勸告一個人，或者要去指出一個人的缺點，首先你要得到他的信任。他心目當中是非常信任你的，你對他的教誨才會有用。為什麼我們說了別人卻不聽？就是別人對我們沒有信心。為什麼沒有信心？就是我們自己做得不夠好。

我們要去勸父母親念佛求生淨土之前，我們自己要把世間的孝道做得圓滿。要盡量地養父母之身、養父母之心、養父母之志，為父母親爭光、讓父母親能夠以你為榮，這樣你在父母親心目當中就有權威性了，然後你再講任何的道理，父母親才有可能會接受。很多人跟父母親關係不好，要勸父母親念佛求生淨土就非常困難。所以一定要力行，把世間的孝道先力行好，然後再慢慢給父母親講道理，讓他們接受佛法。

◆親沒則代親篤修淨業，至誠為親回向。心果真切，親自蒙益。若未往生，可即往生。若已往生，高增蓮品。

如果父母親已經過世了，就應該代替雙親「篤修淨業」。就是我們要幫父母修行佛法，至誠懇切把功德回向給已經過世的父母。如果我們的內心非常地真切，至誠懇切地修行，至誠懇切地回向給過世的親人，這些親人一定會得到利益的。如果已故親人沒有往生，我們念經給他們，他們就可以往生西方極樂世界。如果已經往生淨土的親人，他的品位就可以增高，成佛就能更快。

◆既能如是發心，則與四宏誓願相應，菩提覺道相契。豈獨親得蒙益，而己之功德善根，蓮台品第，當更高超殊勝矣。

如果我們能夠這樣發心，那就可以和四弘誓願相應，和菩提覺道相契合。四弘誓願就是「眾生無邊誓願度，煩惱無盡誓願斷，法門無量誓願學，佛道無上誓願成」，是一切佛菩薩共同的發願。

如此，不但我們過世的親人能得到利益，而且自己的功德善根也會不斷地增長，我們未來往生西方極樂世界的品位也不斷上升，會越來越好。「蓮台品第」指的就是，如果有人發願念佛求生極樂世界，那麼在西方極樂世界的七寶蓮池裡面就會開一朵蓮花，這個蓮花上面會寫著他的名字。如果這個人修行得越來越好，這朵花就會越來越大，越來越殊勝。最後他離開世間的時候，阿彌陀佛就帶著這朵蓮花來迎接他。

我們今天好好發願：「此生一定要往生西方極樂世界。」在極樂世界就會有自己的一朵蓮花。如果我們好好地修行，然後回向親人都能夠往生淨土，不但親人可以得到利益，我們自己在極樂世界的品位也會越來越高。從下品下生一直不斷上升，一直到上品上生，馬上就能花開見佛，證悟無生法忍了。有一種說法，認為那就是七地、八地、九地的大菩薩了。

◆而況以身說法，普令同倫發起孝思乎。此其孝方為究竟實義。

況且我們這樣的孝行本身也在以身說法，以自身榜樣的力量令周圍的人都能發起對父母親真正的孝心。這才是孝的究竟實義。這就是為什麼說孝道是菩提心的基礎。

◆非若世間只期有益於色身及現世，竟遺棄其心性與未來而不論也。

　　這裡所說的佛教裡的孝，不是只顧父母親身體上及現世中的利益，卻不顧父母親心性以及未來輪迴的痛苦。佛教裡的孝不僅僅是讓父母親今世能夠得到幸福安樂的人生，而且要通過修行佛法，讓父母親能夠往生西方極樂世界，永遠脫離輪迴的痛苦，直至最終成佛，這才是真正的大孝、究竟的大孝。

◆是知佛教，以孝為本。故梵網經云，孝順父母師僧三寶，孝順至道之法，孝名為戒。

　　佛教是以孝為本的，非常重視孝道。在《梵網經》裡面是這樣說的：「孝順父母師僧三寶，孝順至道之法，孝名為戒。」佛陀講得很清楚，我們首先要孝順父母，然後要孝順「師僧三寶」，就是上師三寶。「孝」是什麼？孝就是戒。因為我們懂得孝，我們就不會胡作非為。為什麼孝是「德之本也，教之所由生也」？就是這個道理。因為我們孝，所以要為父母親考慮，我們才不會做各種各樣亂七八糟的壞事，所以孝就是戒。如果一個人真正有孝順之心，一定不會做壞事。這就是孝非常重要的含義。佛教裡的戒律也是以孝為本的。

◆又於殺盜淫各戒中，皆言應生慈悲心，孝順心。於不行放救戒中，則云一切男子是我父，一切女人是我母，我生生無不從之受生，故六道眾生，皆是我父母。而殺而食者，即殺我父母。

《梵網經》菩薩戒之一「不行放救戒」中說：「一切男子是我父，一切女人是我母，我生生無不從之受生，故六道眾生皆是我父母。」因為一切的眾生都是我們過去生中的父母，我們對他們生起慈悲心、孝順心，所以不偷盜、不殺生、不邪淫。

《梵網經》中講的是菩薩的戒律，菩薩的戒律最重要的是菩提心。菩提心怎麼生起來？我們要瞭解一切的眾生都曾經做過我們的父母，那我們當然不能傷害父母眾生，而且要將父母眾生全部安置於無上菩提之道，這就叫菩薩戒。當我們不傷害一切父母眾生，而且發願：願一切的父母眾生全部都解脫成佛，這就是所謂的菩提心。

◆由是言之，佛教之孝，遍及四生六道。前至無始，後盡未來。

「四生」就是胎生、卵生、濕生、化生，是四種生命種類。「六道」就是地獄、餓鬼、畜生、天道、人道、阿修羅道。「四生六道」包含了六道輪迴裡的一切眾生。世間的孝都是僅僅在此生此世對父母親好；但佛教的孝是集過去、現在、未來，對六道、四生一切眾生的。

◆知是而不戒殺放生，吃素念佛者，豈究竟至極無加之孝乎哉。

我們一定要聽從佛陀的教誨，戒殺放生，好好地修行，這才是真正的孝，真正的、究竟無極的孝。如果我們不是這樣做，那麼孝道就不圓滿，就有問題。因為儒家《孝經》裡面最重要的就是講養父母之身、養父母之心、養父母之志。佛法則更強調出世間的孝，最重要的就是讓父母親能夠出離輪迴，獲得究竟的解脫，這才是真正的大孝。希望大家要明白這一點。

思考題

1. 什麼是「跡」孝，什麼是「本」孝？
2. 我們孝順父母，是不是一切都要順著他們？為什麼？
3. 父母親如果能夠念佛，對他們會有什麼功德利益？
4. 勸父母親念佛求生淨土，我們怎麼做效果才會好？
5. 親人不在世了，我們應該做什麼才能真正地利益到他們？
6. 祭祀親人為什麼不能殺生？

第四講

◆◆◆

出世間的大慈大孝

第四講

出世間的大慈大孝

原文

夫孝子之於親，宜先乎本而次乎末，養其體而導其神。倘唯知服勞奉養以安之，立身行道以榮之，而不知以常住無生之道，念佛往生之法，諭令修持。使其生念佛號，死生佛國。辭生死之幻苦，享常住之真樂。承事彌陀，參隨海眾。聞圓音而三惑淨盡，睹妙境而四智圓明。不違安養，遍入十方。上求下化，廣作佛事。徹證即心本具之佛性，普作苦海度人之慈航。是所謂見小而忘大，得近而遺遠。乃中人之局見，非達士之大觀也。若能令慈親與己，並及家眷，同出娑婆，同生安養，同證無量光壽，同享寂滅法樂，同作彌陀法王子，同為人天大導師。方可盡其孝慈之心，與夫教育之誼。其所謂孝慈教育，非世之所謂孝慈教育也。

（節選自《印光法師文鈔》【增廣卷三・序】紹興何閬仙家慶圖序）

這一段印祖提出了出世間也有孝慈教育。一般人總以為孝養父母、慈愛家人是世間人的行為，和出世間的佛法無關。殊不知，世間的孝慈只可謂小孝小慈，而出世間的佛法才能圓滿大孝大慈。

◆夫孝子之於親，宜先乎本而次乎末，養其體而導其神。

孝養父母，有本有末，我們不但要奉養父母親的身體，更要引導父母親的精神，讓他們能夠聽聞佛法，能夠求生淨土。

◆倘唯知服勞奉養以安之，立身行道以榮之，而不知以常住無生之道，念佛往生之法，諭令修持。

我們對父母親盡孝，不僅僅要「服勞奉養以安之，立身行道以榮之」，而且還要讓父母親「常住無生之道」，即了悟空性的智慧，並且以「念佛往生之法」，來勸諭父母求生淨土。如果父母親根器非常利，我們自己也有一定的能力，就可以用《金剛經》的智慧讓父母親了悟無生的空性，即生當中就可以了脫生死；如果父母親的根器和自己的能力都不夠，用念佛往生之法肯定是沒問題的。具足信願，念佛求生淨土，是每個人都可以達到的最簡單易行的解脫成佛之道。這是我們對父母親要盡的大孝，不是小孝。

◆使其生念佛號，死生佛國。

讓他在生前念誦萬德名號——「南無阿彌陀佛」，這句名號具足了阿彌陀佛一切的功德，所以叫做萬德名號。因為佛的名號具足了佛陀全部的功德，所以我們在念佛的名號時，也可以獲得佛陀全部的功德，就像是阿彌陀佛已經把蘋果樹種好了，我們只要摘下蘋果來吃即可。

名號的功德是不可思議的。比如我們叫某一個人的名字，這個人就會過來。又比如，我們跟別人講「我要吃蘋果」，蘋果就會被拿過來。「蘋果」兩個字雖然不是蘋果本身，但是因為這個名稱就可以拿到實實在在的蘋果。而我們念誦「南無阿彌陀佛」的萬德名號的時候，也是一樣，阿彌陀佛的功德就會進入到我們的生命當中。我們不要小看「南無阿彌陀佛」這六字萬德洪名，如果我們至誠懇切地念誦，功德就會非常巨大。如果具足信心和願力，到臨命終時，就可以借由阿彌陀佛的願力，往生極樂淨土。

◆辭生死之幻苦，享常住之真樂。承事彌陀，參隨海眾。

如此，六道輪迴中虛幻的痛苦就可以消除，可以永遠享受西方極樂世界的「常住之真樂」。西方極樂世界中的快樂跟我們娑婆世界不一樣，娑婆世界所謂的快樂，其實都是一種「變苦」「壞苦」而已，並不是真正的快樂；到了極樂世界以後所得到的快樂才是真正的「常住之真樂」。到了極樂世界，我們就可以「承事彌陀，參隨海眾」，親自在阿彌陀佛面前學習，跟著清淨的大海眾菩薩一起修行。

◆聞圓音而三惑淨盡，睹妙境而四智圓明。

為什麼說「聞圓音」？我們沒有到阿彌陀佛面前，不一定能聽到圓滿的教法。到了阿彌陀佛面前，我們就可以聽到圓滿的教法，從而使「三惑」——見思惑、塵沙惑、無明惑全部都可以消除了。

我們為什麼不能成佛？就是因為三種惑——見思惑讓我們輪迴，塵沙惑讓我們沒有能力度化眾生，無明惑讓我們不能夠成佛。如果破除了見思惑，我們就可以出離輪迴，證得阿羅漢的果位；如果破除了塵沙惑，我們就可以像菩薩一樣廣度眾生；如果破除了無明惑，我們就可以究竟證悟佛性，成就無上菩提。

我們到了極樂世界，就可以「聞圓音而三惑淨盡，睹妙境而四智圓明」。「妙境」可以說是極樂世界，也可以說是天臺宗「一心三觀」裡講的「對境」，就是「一境三諦」——具足真諦、俗諦和中道第一義諦的對境。一心三觀，觀一境三諦，就是妙觀、妙境。「而四智圓明」指的是什麼？就是成佛以後，凡夫的八識就變成了佛的四種智慧，即大圓鏡智、平等性智、妙觀察智、成所作智。

◆不違安養，遍入十方。上求下化，廣作佛事。

雖然分身無數億，但是我們本身還在極樂世界。你一邊可以在極樂世界享受「常住之真樂」，一邊可以分身千百億去度化無量的眾生。我們現在在娑婆世界是沒有自由的，做了這件事情就不能做那件事情，受苦的時候就不能享受，享受的時候就不能受苦。到了極樂世界我們就有自由了，可以一邊在極樂世界享受「常住之真樂」，一邊分身無數億，「遍入十方」去上求佛道，下化眾生，廣行弘法利生的事業。

◆徹證即心本具之佛性，普作苦海度人之慈航。

在極樂世界，我們可以徹底地證悟佛性——成佛。雖然我們在娑婆世界也是有可能證悟的，但是要獲得徹底的證悟，還是有點難度的。而如果我們能往生淨土，則不管我們之前有沒有證悟，就一定可以獲得徹底的證悟，這就是往生淨土的最大好處。

古代的高僧大德說：「但得見彌陀，何愁不開悟。」雖然我們現在沒有開悟，但是只要念佛求生淨土，到了極樂世界，就必然開悟。因為你會親自面見阿彌陀佛，所以一定會開悟的。不管我們這輩子修行得好不好，有沒有開悟，這個其實都還是次要的，最重要的就是一定要念佛求生淨土。當然，如果我們這輩子開悟了，那就更好，往生西方極樂世界之後，品位就非常高，成佛就非常快；如果這輩子沒開悟，也沒有關係，只要往生西方極樂世界，就一定可以開悟，一定可以成佛。獲得徹底證悟之後，就可以「普作苦海度人之慈航」，我們就可以分身千百億，像阿彌陀佛、觀音菩薩一樣，到十方世界度化眾生。

◆是所謂見小而忘大，得近而遺遠。乃中人之局見，非達士之大觀也。

如果我們不能以上述的方法來承事父母親，而僅僅關注父母親現世的利益，那就是見小忘大了。一般的人鼠目寸光，「見小而忘大」，只看見小的利益，忘了大的利益。「得近而遺遠」，只看到眼前的利益、現世的利益，沒有看到父母親未來生生世世的利益，這都是有局限性的。這樣孝養父母，並不是真正的大智慧和大孝。

◆若能令慈親與己，並及家眷，同出娑婆，同生安養，同證無量光壽，同享寂滅法樂，同作彌陀法王子，同為人天大導師。方可盡其孝慈之心，與夫教育之誼。

「慈親與己」，就是父母親和自己。「並及家眷」，即妻子兒女。「同出娑婆，同生安養」，即一起求生淨土，未來都往生西方極樂世界，都脫離輪迴。「同證無量光壽」，每個人都證得無量光、無量壽。「同享寂滅法樂」，所有的煩惱都寂滅了，都得到無比的大樂。「同作彌陀法王子，同為人天大導師」，往生到西方極樂世界時，都成了阿彌陀佛的法王子，以後都可以成為人天大導師，成就阿彌陀佛的果位。如果能做到上述種種，「方可盡其孝慈之心，與夫教育之誼」。我們才能夠對上盡到孝慈之心，對下盡到教育之誼。

◆其所謂孝慈教育，非世之所謂孝慈教育也。

孝慈分很多層次，印祖上述的開示，就是真正的大孝大慈，我們每個人都應該好好地學習並力行這段教言。如果我們能夠按照印祖的教言去做，不但能夠圓滿世間的孝慈之道，而且能夠圓滿出世間的孝慈之道。如果我們不按照這樣去做，最多變成一個世間的孝子慈父，但是意義並不大。為什麼？因為世間的孝慈最多能讓父母家人今生得到世間的安樂，而未來大家繼續輪迴、同受痛苦，這樣的孝慈又有多大意義？明白這個道理是非常重要的。很多人學習儒家的孝慈之道以後，世間的孝慈都做得很好，但是這還不夠。我們今天要通過印祖的這些教言，來圓滿出世間的大孝大慈，這就比原來儒家的孝慈之道更進一步了。

◆思考題◆

1. 佛教認為該如何力行孝道呢？
2. 為何說世間的孝慈是末，是小，是近？
3. 為何說出世間的孝慈是本，是大，是遠？
4. 請略述極樂世界的美好。

第五講

◆◆◆

盡誼盡分　求生淨土

第五講

盡誼盡分　求生淨土

原文

然人生世間，不可無所作為。但自盡誼盡分，決不於誼分之外，有所覬覦。士農工商，各務其業，以為養身養家之本。隨分隨力執持佛號，決志求生。凡有力能及之種種善事，或出資，或出言，為之贊助。否則發隨喜心，亦屬功德。以此培植福田，作往生之助行。如順水揚帆，更加櫓棹，其到岸也，不更快乎。

（節選自《印光法師文鈔》【增廣卷二・書二】復寧波某居士書）

這一段印祖講到在家居士修行的要點和基礎。在家居士和出家人的修行有很多不同，不同在哪裡？印光大師為我們作了很好的開示。

◆然人生世間，不可無所作為。但自盡誼盡分，決不於誼分之外，有所覬覦。

印祖說，我們在世間什麼都不做是不可以的。「但自盡誼盡分」，用我們現在的話來說，就是盡本分、負責任。「誼」是合宜、應該，「分」就是本分。自己應該做的事情、分內的事情，要盡職盡責地做好。「決不於誼分之外，有所覬覦」，「覬覦」是什麼意思？就是非分的希望和企圖。

舉個例子：每個人都有自己的身份。在家裡，是兒子就要做好兒子，是丈夫就要做好丈夫，是父親就要做好父親，是妻子就要做好妻子，是母親就要做好母親……每個人都要盡自己的本分；在社會上作為一個公民，就應該奉公守法，遵守國家的法律；作為公司裡的一員，應該遵守公司的規章制度，自己是什麼職責，就要把自己的職責盡量做好。比如說，我是一個總經理，就要把總經理的職責盡量地做好；我是一個員工，就要盡心盡責地把員工的職責做好；我是一個清潔工，就要把打掃衛生的工作做到盡善盡美。每個人都要把自己應該做的事情、本分之內的事情盡自己的努力去做到最好。

在職責、本分之外，不覬覦，不要期冀得到不屬於自己的東西。如果一個人本分之內的事情都做不好，想要獲得更進一步的提升那是不可能的。一個人能盡好本分，說明他是一個負責任的人，是一個踏踏實實的人，主管自然會看到他的優點。如果是一個既孝順父母又懂得盡本分、負責任的人，就一定會得到主管賞識，前途一定會越來越好。

不需要去覬覦，不需要非分的希望和企圖，他自然會得到成功。如果一個人不做好自己的本分工作，不安分守己，每天癡心妄想，要得到更高的地位、更大的利益，這樣野心勃勃、私欲膨脹的人，對於真正慧眼識才的領導來說，肯定是不會賞識的，哪怕一時得逞也是長久不了的。

◆士農工商，各務其業，以為養身養家之本。

我們每個人在世間所從事的行業不一樣，有的從政，有的務農，有做工業的，有做商業的，每個人都應該經營好自己的事業，以此作為養身、養家之本。

人一定要有平常心，不管自己做什麼行業，千萬不要自認為了不起，或者自以為卑賤，其實都是平等的，一切眾生都是平等的。你做國家總統，我做清潔人員，其實沒什麼高低，都是平等的。你只要安於當下，「盡誼盡分」，每天好好地讀聖賢書、行聖賢道，你就會心安理得、安適自在，沒有什麼不好的。而且我們不僅可以以此養身、養家，還可以以此力行孝道、奉獻社會。

這一段是印祖告訴我們在人生、世間一些重要的做人的道理。

◆隨分隨力執持佛號，決志求生。

在把人做好的基礎上，「隨分隨力執持佛號，決志求生」。因為世間的事情哪怕你做到總統又能怎麼樣？如果不好好修行，死了以後還是六道輪迴。清潔人員如果不好好修行，死了以後也是六道輪迴，結果沒什麼區別。所以不管是做什麼，一定要加上「隨分隨力執持佛號」。我們念「南無阿彌陀佛」的聖號，「決志求生」，一定要往生西方極樂世界，我們要有這樣的決心。

這就是我們在家居士很重要的修行，首先修養賢良的人格，做好人，然後一心一意修行，決志求生淨土。

當代藏傳佛教舉世聞名的大成就者法王如意寶在圓寂時，同時顯現即身成就大圓滿和往生西方極樂世界的瑞相。正如他老人家在《無垢覺性明點》中所說的：「不管壽命有多長，我在一生當中最主要的修持就是大圓滿和往生極樂世界。」

我們也應該追隨祖師大德們的足跡，好好地依教奉行，把即身成就、往生淨土作為我們一生修行的兩個重要目標，在生時好好地聞思修行，爭取早日證悟；同時信願堅定求生淨土，臨終時能順利往生極樂世界。這就是我們為自己的人生投資的雙保險，哪怕沒有即身成就，還是可以往生淨土，獲得解脫。

◆凡有力能及之種種善事，或出資，或出言，為之贊助。

在做好人、好好修行、求生淨土的基礎上，凡是我們有能力做到的種種善事，「或出資，或出言，為之贊助」。如果經濟條件比較好的，盡量要上供下施來幫助做善事；如果沒有經濟上的能力，也沒有關係，我們可以出言贊同別人做善事。「為之贊助」，「贊」就是贊同、讚揚，「助」就是幫助、支持。

◆否則發隨喜心，亦屬功德。

印光大師說，哪怕你出資、出言都做不到，那隨喜他人的善行就好了，「亦屬功德」。

◆以此培植福田，作往生之助行。如順水揚帆，更加櫓棹，其到岸也，不更快乎。

做好這些，就可以「培植福田，作往生之助行」。往生雖然以信願為要，但是懺罪積資也是重要的助緣。如果沒有懺罪積資，可能信願都生不起來，往生就會有問題；如果我們具足信願，再加上懺罪積資，那就「如順水揚帆，更加櫓棹」，就像順風順水的船隻，又有風帆，又有櫓棹（划船工具），我們就會更加快速地到達彼岸，獲得解脫。

這段教言給我們最重要的啟發有三點：

第一，一定要盡誼盡分。作為一個在家居士，要先把人做好，先把五倫關係處理好，盡本分、負責任。

第二，在此基礎上執持佛號，決志求生淨土。把求生淨土當成我們最重要的一件事情。無論你修任何的法，求生淨土勢必不可少的。如果沒有求生淨土，這輩子要了脫生死是非常困難的。求生淨土是我們最重要的修行，不可以放棄的。哪怕你其他的法門都不修，但求生淨土的法門一定要修。求生淨土是我們修行必不可少的，因為這是獲得解脫最方便的方法。

第三，在前兩者的基礎上，我們還要行持種種的善事，淨障積資，乃至好好地聞思修行；爭取這輩子能夠獲得證悟，那就更好了，不僅即生就能獲得解脫自在，並且能夠更好地利益眾生，最後在我們臨終的時候，往生的品位也會更高。

思考題

1. 解釋「人生世間，不可無所作為。但自盡誼盡分，決不於誼分之外，有所覬覦」。
2. 解釋「士農工商，各務其業，以為養身養家之本」。
3. 在家居士應該如何盡本分、培福田？
4. 法王如意寶一生中最主要的修持是什麼？我們一生修行的兩個重要目標是什麼？
5. 這段教言給我們的啟發有哪三點？

第六講

◆◆◆

盡本分　度家人

第六講

盡本分　度家人

原文

又念佛固貴專一。然居士上有父母，下有妻室。分外營謀，妄希富樂，實所不應。至於分內所當為者，亦須勉力為之。非必屏棄一切，方為修行也。若屏棄一切，能不缺父母妻室之養則可，否則便與孝道相背。雖曰修行，實違佛教，是又不可不知也。又須以淨土法門利益勸父母，令其念佛求生西方。若能信受奉行，臨命終時，定得往生。一得往生，直下超凡入聖，了生脫死，高預海會，親炙彌陀，直至成佛而後已。世間之孝，孰能與此等者。又若能以此普告同人，令彼各各父母，皆得往生，則化功歸己，而親與自己之蓮品，更當高增位次矣。詩云，孝子不匱，永錫爾類。欲孝其親者，宜深思而力行之。

（節選自《印光法師文鈔》【增廣卷一．書一】復鄧伯誠居士書二）

這是印祖對在家居士關於解脫之道的開示。

◆又念佛固貴專一。然居士上有父母，下有妻室。分外營謀，妄希富樂，實所不應。

念佛雖然貴在專一，要一心不亂，但作為在家居士，上有父母，下有妻子，也應該盡到本分。如果在自己本分之外妄加希求，就不應該了。

很多人都想做老闆，都想發大財，這就是「妄希富樂」。為什麼這樣說呢？當大官、發大財的都是有福報的人，沒有福報，求了也沒用；求得了以後每天做壞事，反而更慘。有些人一定要把房子抵押了去貸款，再去幹什麼事業，最後虧得一塌糊塗，房子也沒有了，什麼都沒有了。這樣的事情可以說比比皆是，這就是「分外營謀，妄希富樂，實所不應」。

做任何事情都要量力而行，有一千塊錢就做一千塊錢的事情，有一萬塊錢就做一萬塊錢的事情，不要超出自己的承受能力。現在這個社會誘惑很多，沒有資本，可以去貸款，貸款以後就籌畫如何如何。其實這也是超出了你的本分，你能保證一定會成功嗎？如果失敗了，銀行的錢要不要還？誰來還？最後還是家人來還，你不是把家人給害了？這就屬於「分外營謀」。

所謂的分內是什麼？就是我們做了事情，如果失敗了，我們也能承受。比如說我有十萬元做生意，一旦虧完了，最起碼沒有連累到別人，家裡可能還有其他的收入，那就沒有問題，這種就屬於分內的。超出了自己本分的，那叫「分外營謀，妄希富樂」，都是妄求，是不應該的。

我們要非常明白這個道理，特別是在家居士，現在這樣的事情太多太多了。因為分外營謀，最後可能會傾家蕩產，實在沒有辦法，只能去跳樓。比如有些人挪用公款去炒股，當時覺得挪點公款去炒股沒什麼，現在機會很好，等賺了再把錢還回去，但很多時候卻是最後身無分文的結局。這就是「分外營謀」，不是你分內應該賺的錢。當然也有人僥倖成功，但那不是因為你的腦筋好或方法好，而是那些錢你本來命裡就應該擁有，其實不用這樣的方法，未來也會得到；但是因為你用了不如理的方法，反而是為未來種下了一個負面的種子，未來因此會遭受痛苦的結果，這是非常可悲的事情。

在家居士一定要像印祖講的那樣，「盡誼盡分」，做自己應該做的事情，千萬不要「分外營謀，妄希富樂」。

◆至於分內所當為者，亦須勉力為之。非必屏棄一切，方為修行也。

我們自己的本分一定要盡力去做，修行並非必須屏棄一切，什麼都不做。我們學佛的人雖然要專一，要專心致志地修行，但也不是說我們什麼都不做。一定要盡本分、負責任，這是最起碼的。要盡力而為，能不能做到好，這個不好說，也許我們真的業障很重，福報很淺，連孝養父母都孝養不好，錢也不一定賺得到，這是情有可原的，因為這是我們過去的業力決定的；但是有沒有盡力而為很重要。如果沒有盡力而為，就已經辜負了本分；如果盡力而為了，那就可以了。

◆若屏棄一切，能不缺父母妻室之養則可，否則便與孝道相背。

如果專心修行什麼都不做，但你還是有錢，可以奉養父母、照顧妻子，這也沒問題，否則便是與孝道相違背了。有些人福報比較大，什麼事都不幹還可以養活自己、養活家人，但每個人情況都不一樣，不能隨便模仿。我們有些道友看到別人什麼事都不幹，一心修行，他也學著什麼事都不幹，最後自己和家人都無以為生了。要知道，獅子跳得過去的懸崖，兔子跟著去跳，只會落個粉身碎骨的結果。你要看看自己是獅子還是兔子。

◆雖曰修行，實違佛教，是又不可不知也。

如果學了佛法也沒有出家，卻又什麼都沒幹，最後連家都養不了，孝道都違背了，這樣雖然看起來你好像在修行，但是其實已經違背了佛陀的教導，這是不可不知的道理。

◆又須以淨土法門利益勸父母，令其念佛求生西方。若能信受奉行，臨命終時，定得往生。一得往生，直下超凡入聖，了生脫死，高預海會，親炙彌陀，直至成佛而後已。世間之孝，孰能與此等者。

雖然你不一定能發大財、做大官，不一定能給父母這個世界上最好的物質生活，但只要你盡了本分就可以了，父母親就會很開心，不一定會對你有什麼樣的苛求。最重要的，還是要勸父母親念佛求生淨土。

為什麼這樣說？因為給父母再多的物質享受，未來他們也還是會輪迴受苦。這樣的利益不大，這樣的孝非常有局限性，是小孝。我們在世間孝道的基礎上，勸父母念佛求生淨土，他們若能信受奉行，臨命終的時候，得以往生，利益就非常非常之大。父母了生脫死，進入清淨大海眾菩薩的行列，得到阿彌陀佛的親自教導，直至成佛，這才是大孝，世間的孝，當然不能與此相提並論。

◆又若能以此普告同人，令彼各各父母，皆得往生，則化功歸己，而親與自己之蓮品，更當高增位次矣。

如果用這個道理去勸化我們的親朋好友、父老鄉親，令大家都能夠好好修行，力行孝道，令父母都能夠往生西方極樂世界，那麼所有的這些功德你都可以得到，你自己和父母親的蓮品，就可以高增位次，越來越高。

◆詩云，孝子不匱，永錫爾類。

如果我們好好力行聖賢之道，念佛求生淨土，並且以孝道和佛法來勸導父老鄉親和親朋好友，這樣的話，家裡世世代代就會出孝順的孩子。「積善之家，必有餘慶」，上天也會賜予子孫很大的福報。

◆欲孝其親者，宜深思而力行之。

想要孝親的人，應該深思，想明白這些道理並去力行。

這裡印光大師就講道，在家居士要好好地力行孝道，盡本分，負責任，修身齊家治國平天下。從自己的力行開始，然後勸化妻子兒女和父母親朋，最後勸化父老鄉親，這樣的功德非常非常巨大，不但自己可以了脫生死，還可以自利利他，自度度人。

在家居士的修行之道就是要注意這些道理，否則就會出現印祖所說的那些問題。有些人雖然沒有出家，但是卻什麼事都不幹，這樣不但違背了世間的孝道、做人的道理，也違背了佛陀的教法，這種人肯定是不會成功的。

對在家居士來講，首先要做好人，力行孝道。「父子有親，君臣有義，夫婦有別，長幼有序，朋友有信」，這些是非常重要的，五倫關係一定要處理好。在這個基礎上修行佛法，首先要求生淨土，如果我們不能夠往生淨土，死了以後又輪迴，那有什麼意義？往生淨土是我們的底線，堅定不移的原則。在這個基礎上再談如何即生成就，如何幫助眾生。如果往生淨土都做不到的話，即身成佛和利益眾生全都是妄談而已，這一點大家一定要非常地清楚明白。

這就是我們在家居士的解脫之道。

思考題

1. 「分外營謀，妄希富樂」分別指什麼？在家居士如果「分外營謀，妄希富樂」，會帶來什麼危害？
2. 有些在家居士認為修行要屏棄一切專心修，你認為這個觀點正確嗎？為什麼？
3. 什麼是真正地對父母盡孝？
4. 為什麼在家居士的修行首先要處理好五倫關係？如果沒有處理好，會帶來什麼後果？
5. 我們一生修行的目標最低要達到什麼？為什麼？

第七講

如何引導家人學佛

第七講

如何引導家人學佛

原文

自己改惡修善，一心念佛。凡一切親故並有緣之人，亦當以此教之。其反對之人，當作憐憫想，不可強制令行。按牛頭吃草，萬萬做不得。若曰我一心念佛，諸事不理，不唯與世法有礙，亦不與佛法相合。素位而行，方為得之。勸人念佛修行，固為第一功德。然下而妻子兄弟，上而父母祖妣，皆當勸之。倘不能於家庭委曲方便，令吾親屬，同得不思議即生了脫之益，便為捨本逐末。利疏而不計利親，其可乎哉。

（節選自《印光法師文鈔》【增廣卷一・書一】復永嘉某居士書六）

印祖這段開示講到了在家居士如何讓家人都趨向佛法。今天有個同學在網上問我：怎麼能讓父母也一起來學佛？印祖的這段話剛好回答了這位同學的問題。

這一段我覺得非常重要，有些學佛的人、學習傳統文化的人，經常會犯這裡面所說的毛病。

◆自己改惡修善，一心念佛。

首先我們自己要「改惡修善，一心念佛」。如果我們自己不改惡修善的話，就沒辦法去影響別人。為什麼叫大家上完課回去以後一定要把嘴巴閉住，好好去力行，就是這個道理。印祖第一句話就是要我們自己改惡修善，不是幫助別人去改惡修善。我們很多人非常地熱心，學了傳統文化和佛法的課程，看見誰都想怎麼去幫他改惡修善，其實這是不對的。首先自己改惡修善，一心念佛，自覺方能覺他，自度才能度人。

◆凡一切親故並有緣之人，亦當以此教之。

我們首先要自己做好，然後對一切的親朋好友和有緣的人，我們用所知道的這些佛法的道理、傳統文化的道理去幫助他們，感化他們。

◆其反對之人，當作憐憫想，不可強制令行。按牛頭吃草，萬萬做不得。

印祖在這裡給了一個很重要的忠告：如果我們對親朋好友、有緣的父母眾生介紹傳統文化和佛法時，他們不接受，我們不應該生嗔恨心，也不應該用強迫、強制的方法讓他們來學習，或者讓他們遵行我們的這些方法。就像按著牛頭吃草一樣，牛不想吃草，你一定讓它吃，印祖說：「萬萬做不得。」

大家一定要記住，我們對所有的親朋好友、所有有緣的眾生可以介紹傳統文化，可以介紹佛法給他們，但最重要的是什麼？我們首先自己要做好，就像前面講到的，我們向父母親介紹之前，首先要把孝道力行得非常圓滿。讓父母親歡喜、讓父母親對我們有信心，那我們的這些勸告在父母親身上就會有作用。如果我們自己做得不好，我們講得再好，父母親也不一定會聽，聽了也不一定會遵從，這是很重要的一個原則。首先我們要自己做得好，然後在他們能夠接受、能夠理解的範圍之內，介紹傳統文化和佛法，讓他們能夠接受。

不能接受的原因很多，可能我們的態度不好，也可能自己做得還不夠好，還有可能我們介紹得不是那麼清楚，講解得不是那麼善巧。有的時候可能他們提出的問題，我們都不能圓滿地去回答。如果我們自己做得不好，學得也不好，講也講不清楚，就很急地要去向他們介紹，這樣的話效果就不會好。

首先我們自己要做好，而且傳統文化跟佛法一定要學得非常精通。我們預先應該想好，如果父母親有什麼問題，我們是不是都能回答得出來；親人、朋友他們有什麼樣的疑問，是不是我們都能夠幫助他們消除這些疑問。如果我們有這樣的能力，再去見機行事，等到父母親、親朋好友他們高興的時候，在適當的場合、適當的時間、適當的地點，以他們能夠接受的方式、能夠理解的內容，來跟他們一起探討傳統文化和佛法。這樣的話，他們的接受度就會比較高一點。

◆若曰我一心念佛，諸事不理，不唯與世法有礙，亦不與佛法相合。素位而行，方為得之。

有些人學了佛法以後，會進入這樣的誤區：對什麼都不感興趣了，什麼都不做、什麼都不幹了。工作也沒有興趣，賺錢也沒有興趣，什麼都沒有興趣了。以前有一句話叫做「阿彌陀佛百不管」，一念阿彌陀佛就什麼都不管了。印祖說，這種做法是不對的。「不唯與世法有礙，亦不與佛法相合」，這樣的做法不但跟世間法有矛盾障礙，所有的人都不會喜歡你，而且與佛法也違背了，佛法讓我們首先要發慈悲心。

佛陀教導我們要孝順，《梵網經》云：「至道之法，孝名為戒。」作為一個在家居士，首先應該「素位而行，方為得之」。意思就是說我們是什麼樣的身份就應該做什麼樣的事情，應該把自己的本分先盡到。如果做兒子的沒做好兒子，做父母親的沒做好父母親，做先生的沒做好先生，做太太的沒做好太太，就違背了這個道理。我們雖然修行佛法，但是我們要盡本分、負責任，在盡本分、負責任的同時來修行佛法。不是說我們學了佛法以後就把本分給丟了，把責任給放棄了，這就不對了。

◆勸人念佛修行，固為第一功德。然下而妻子兄弟，上而父母祖妣，皆當勸之。

勸人念佛、勸人修行、勸人學習佛法固然是最殊勝的功德，然而對下面來講，自己的妻子兒女、兄弟姐妹；對上面來講，自己的父母親、爺爺奶奶、外公外婆，所有的這些家親眷屬「皆當勸之」。

◆倘不能於家庭委曲方便，令吾親屬，同得不思議即生了脫之益，便為捨本逐末。利疏而不計利親，其可乎哉。

如果我們不能夠在家庭當中隨順父母親，以善巧方便的方法讓所有的親屬都得到不可思議的、即生了脫生死的利益，那麼所謂的弘法利生，就是捨本逐末。

我們很多人一學佛就不顧家了，成天在外面去做很多所謂的弘法利生的事情，卻把家裡最需要你慈悲度化的親人拋開不管了。看上去好像是對家親眷屬看破放下了，殊不知對於大乘佛弟子來說，家庭即是道場，家人即是你發菩提心的對象。所以印祖說了：「利疏而不計利親，其可乎哉。」利益緣分疏遠的人，而不知利益緣分親近的人，這怎麼行呢？

我們一定要慈悲自己身邊的人，慢慢引導他們學佛修行。因為念佛、修行佛法功德很大，修行佛法才能得究竟的利益。世間的孝道只能得到世間的小利，只有這輩子的好處，但是不能夠了脫生死。如果能讓父母親屬念佛、修行佛法的話，他們就能生生世世得到無窮的利益。

另外也要懂得，在家居士的為人處世之道，首先並不是要度化親友學佛，而是要讓他們生歡喜心，然後在這個前提下再慢慢一步一步地勸他們學修佛法。我們在勸親人修行佛法的時候，一定要懂得委曲、懂得方便，一定要順著他們的善根，順著他們的習性，善巧方便地來勸導他們。為什麼不能夠去違逆這些親朋好友？哪怕他們再不能接受，你也必須要讓他們歡喜。因為他們如果喜歡你的話，哪怕你現在不能把他們勸進來修行佛法，但還是有機會的。如果你現在違逆他們，就把他們都推到了對立面，以後你講得再有道理，他們都不一定會聽了。

這一點希望大家一定要記住，而且也要有耐心，千萬不要你跟他講了一次，他反對，你就沒有信心了。自古以來很多的高僧大德都是秉持生生世世度化眾生的態度。剛開始的時候，我們不也是非常地頑固不化嗎？善知識們不也是很多次、不斷地來引導我們，幫助我們，教化我們，我們今天才對佛法生起了那麼一點點信心嗎？所以，我們也要以善知識的這種耐心和誠心來對待父母親屬，千萬不能夠急。

大家一定要牢記印祖的教言：首先自己做好，然後度化眾生。

思考題

1. 為什麼阿闍梨囑咐大家上完課回去要閉嘴、力行？
2. 這段教言講到了很多學佛人通常會犯的毛病都有哪些？你有嗎？
3. 給家人介紹傳統文化、佛法，家人不接受，你該怎麼辦？
4. 我們給家人介紹傳統文化、佛法，為什麼有時候效果很不好？應該如何改進？

5. 在家居士一學佛就「阿彌陀佛百不管」，印祖贊成嗎？為什麼？

6. 為什麼我們要盡力幫助家人走上學修佛法的道路？

7. 請你歸納總結這一講中「在家居士為人處世之道」的要點。

第八講

◆◆◆

求夫求妻之法

第八講

求夫求妻之法

原文

人生世間，父母、壽命、相貌、學問、夫妻、兒女，皆是前生所作之業之所感召。若有大功德，則會過於前生所培。若有大罪過，則便不及前生所培。是以要認真修持，以轉前業也。汝欲得有學問，有才能，有德氣之好丈夫，或恐汝前生未培到這個福，則便不能滿汝癡心。楞嚴經謂，念觀世音菩薩者，求妻得妻，求子得子。求妻於菩薩，謂求菩薩加被，得其賢慧福德之妻。汝求夫亦然。極力念觀世音菩薩，當能滿汝所願。否則，縱得好夫，或者又有短命，多病，禍患等事，況未必能得好夫乎。汝切不可以貌美起驕傲心。此心不息，便難載福。汝能諦聽我語，則汝之所受用者，皆有超過前生所培多多矣。

（節選自《印光法師文鈔》【續編卷上・書】與周福淵女士書）

這是印光大師對一位女士的開示，這一段非常重要，講的是我們一般的家庭幸不幸福的原因到底是什麼，以及如何求妻、求子、求夫。

◆人生世間，父母、壽命、相貌、學問、夫妻、兒女，皆是前生所作之業之所感召。若有大功德，則會過於前生所培。若有大罪過，則便不及前生所培。是以要認真修持，以轉前業也。

我們人生的種種境況，包括投生到哪裡、父母親是誰、壽命長不長、相貌好不好、學問大不大、能夠找到什麼樣的丈夫、妻子、夫妻關係怎麼樣、會有什麼樣的兒女……都是前生所作的業力感召而來，都是已經定好了的。

但是，是不是可以改呢？可以改的。前面是講「定」的那一部分，後面是講怎麼改。

怎麼改？我們來看印祖的開示：「若有大功德，則會過於前生所培。」如果你現在好好地修行，懺罪積資，作大功德，你得到的就會超過前生所培植的。「若有大罪過，則便不及前生所培。」如果你造了很多很多的惡業，你前生的福報就會打折扣，甚至會享受不到。「是以要認真修持，以轉前業也。」所以一定要認真地修持，懺罪積資，來轉變前生所造的業。

最重要的就是要懺罪積資。如果我們這輩子好好地懺罪積資，就可以超過前世這些善業所培植的福報，變得越來越好；如果我們造了很多很多的罪業，我們前生的福報不但享不到，而且可能會遭受很多的災殃。雖然有前世的業力，這輩子的努力還是非常重要的。

◆汝欲得有學問，有才能，有德氣之好丈夫，或恐汝前生未培到這個福，則便不能滿汝癡心。

有學問、有才能、有道德的好丈夫，這是我們很多女士都夢寐以求的，但是如果你前世沒有培植這個福報，就不可能滿足你的癡心妄想。這輩子能找到什麼樣的丈夫，有很大一部分原因是你過去的業力所決定的。

◆楞嚴經謂，念觀世音菩薩者，求妻得妻，求子得子。求妻於菩薩，謂求菩薩加被，得其賢慧福德之妻。汝求夫亦然。極力念觀世音菩薩，當能滿汝所願。

印祖雖然說，你前世沒培這個福，就不可能滿足你的癡心妄想；但是後來又講了，這也不是百分之一百決定的，還有一個辦法，就是《首楞嚴經》裡面講的念誦觀世音菩薩名號，求妻得妻，求子得子。向觀世音菩薩求妻，就是求菩薩加被，得到賢慧福德的妻子；求夫也是一樣的，我們要至誠懇切，極力念誦觀世音菩薩名號，還是可以滿足心願的。

◆否則，縱得好夫，或者又有短命，多病，禍患等事，況未必能得好夫乎。

印祖在這裡反覆強調今生修行的重要性。如果沒有好好修行，沒有好好祈禱觀世音菩薩，哪怕你能夠得到一個好丈夫，也不一定會有好的結果，可能又有短命、多病、禍患等事發生；何況還未必能夠得到好的丈夫呢？

我們的人生很少有一切都美滿的，有些人得到了好的伴侶，但卻短命、多病，碰到很多的災難；有些人身體很好，平平安安，但是卻找不到很好的伴侶；有些人很有錢，但是身體很不好；有些人身體很好，就是沒錢，等等。每個人都會有自己的缺陷。

◆汝切不可以貌美起驕傲心。

這個女士應該是蠻漂亮的，印祖就勸她：你千萬不能因為自己的美貌，就起驕慢心。

◆此心不息，便難載福。

這句話非常重要。如果我們因為相貌長得好看而起傲慢之心，就沒辦法承受福氣了。《了凡四訓》裡面說：「唯謙受福。」我們認為自己相貌好，這就是一種傲慢心；認為自己皮膚白，也是一種傲慢心；認為自己鼻子長得比別人高，也是一種傲慢心。現在人什麼都可以傲慢，眼睛比別人大也傲慢，鼻子比別人高也傲慢，耳朵比別人長也傲慢。一起傲慢心，福報就沒了。

◆汝能諦聽我語，則汝之所受用者，皆有超過前生所培多多矣。

印祖說，如果你能夠聽我的話，你以後的受用就會超過你前世所培植的福報。

總之一點，這裡講道，我們人生的種種境遇，父母、壽命、相貌、學問、夫妻、兒女都是前業所感召的，但也不是不能改變。改變有兩大方法：

第一，要作大功德，要懺悔業障；

第二，要極力念「南無觀世音菩薩」。

當然還有一條，就是不能夠有任何傲慢之心。不能因為自己有錢而傲慢，也不能因為自己漂亮而傲慢，所有的傲慢心要全部消除，這樣的話，我們就可以越來越好。

印祖開示了我們人生幸不幸福的真正原因，以及如何改變的方法。我們求妻也好，求子也好，求夫也好，反正求什麼都可以，最重要的就是要記住印祖的這些教言。印祖的這些教言如果都記住，好好去修持，那麼我們什麼樣的願望都可以成辦；如果這些話都沒有記住，就很麻煩。

◆思考題◆

1. 每個人的命運何來？是否能改？如何改？
2. 如何求夫求妻？
3. 請總結印祖在此篇教言中的幾點改命要訣。

第九講

◆◆◆

夫婦相處之道

第九講

夫婦相處之道

原文

娑婆世界，是一大冶洪爐。能受得烹煉，則非世界中人矣。不能受得烹煉，則烹煉之大冶洪爐，反為毒器，為苦具。是在各人能自得益耳。同室之人，固宜於閒暇無事時，委曲宛轉，開陳至理，令其心知有是非可否。則心識不知不覺，漸摩漸染而為轉變。至其愚傲之性發現時，可對治，則以至理名言，和氣平心以對治之。否則任伊，一概置之不理。待其氣消，再以平心和氣，論其曲直，久之則隨之而化。若用強蠻惡辣手段，斷非所宜。以彼有所恃（所恃者，子女也），兼失子女觀法之訓。念佛要時常作將死，將墮地獄想。則不懇切亦自懇切，不相應亦自相應。以怖苦心念佛，即是出苦第一妙法。亦是隨緣消業第一妙法。

（節選自《印光法師文鈔》【增廣卷二・書二】復永嘉某居士書六）

今天學習的這一段，主要有三個要點：在娑婆世界修行的要點、夫婦相處之道、出苦的第一妙法。

一、在娑婆世界修行的要點

◆娑婆世界，是一大冶洪爐。能受得烹煉，則非世界中人矣。不能受得烹煉，則烹煉之大冶洪爐，反為毒器，為苦具。是在各人能自得益耳。

娑婆世界，是一個巨大的冶煉爐。能受得了烹煮錘煉，就可以從輪迴中獲得解脫；如果受不得烹煮錘煉，那麼這個大冶煉爐，反而會成為苦毒的器具。這就在於每個人能不能自己從中得到利益了。

大家都學習了輪迴痛苦的道理，知道娑婆世界的本性就是痛苦。我們面臨痛苦有兩種方法，一種方法是任其痛苦，這樣的話，我們就流轉於六道輪迴。我們如果不能把痛苦轉為道用，這個「大冶洪爐」的娑婆世界就是一個「毒器」，一個「苦具」，我們就在裡面輪迴受苦而已。但是我們如果能夠有智慧，用佛陀的教言，將痛苦轉為道用，娑婆世界就是一個很好的修行場所。通過修行，我們就可以從輪迴當中獲得解脫，如印祖所說「則非世界中人矣」。

怎麼把痛苦轉為道用呢？有幾種方法。

第一，通過「暇滿難得、壽命無常、因果不虛、輪迴痛苦」四種轉心向法的修行，發起真正的解脫之心。娑婆世界雖然痛苦，但是如果可以被我們轉換成解脫的動力，我們因此就可以獲得解脫，這叫「以苦為師」。

第二，運用大乘菩提心的方法。

通過瞭解輪迴痛苦，我們會對一切輪迴中的父母眾生生起大悲之心；因為大悲之心，我們就會生起無上菩提之心；因為菩提心，我們成就無上佛道，度化無量眾生。這就更加殊勝，也是把輪迴痛苦轉為道用的一種修行方法。

在家居士不可能離開社會，我們可能很難離開所有的痛苦，在面對這些痛苦的時候，一定要瞭解輪迴的真相和痛苦的本性，並將其轉為道用生起出離心，生起求解脫之心，進而生起大悲心，生起無上菩提之心。這樣的話，輪迴的痛苦就變成了我們修行的動力，娑婆世界所有的痛苦對我們來說就會有非常重要的意義。

這是第一段，印祖講到我們在娑婆世界的兩種結局。我們如果能將其轉為道用，就能夠了脫生死；我們如果不能將其轉為道用，就會輪迴於苦海之中。

二、夫婦相處之道

◆同室之人，固宜於閒暇無事時，委曲宛轉，開陳至理，令其心知有是非可否。則心識不知不覺，漸摩漸染而為轉變。

「同室之人」就是指夫妻。中國古人講，所有的關係當中，五倫關係裡面最重要的就是夫婦關係，是五倫關係之首。夫婦是所有關係當中最小的一個單位，同處一室。最小的單位是室，再大的單位是家，再大的單位是國。我們要世界太平，國家就要太平；一個家要和諧，室首先要和諧。如果室不和諧，家就不可能和諧，國就不可能和諧，世界就不可能太平。

「固宜於閒暇無事時」，「閒暇無事時」就是指平時沒有衝突矛盾的時候，不是說我們今天吵架了，才想起來怎麼幫助他、感化他、度化他，已經來不及了。閒暇無事的時候就要做這個準備工作。當然，我自己覺得同室之人肯定是已經成為夫婦的關係了，如果還沒有成為夫妻，在處於對象談戀愛的時候就要做這個工作了。

「委曲宛轉」，是指你要用很善巧方便的方法。「委曲」是隨順別人；「宛轉」是要善巧方便，不是直接了當的。現在的人講話常常是直接了當，隨著自己，我想怎麼講就怎麼講，這就不是委曲了，不叫婉轉了。但我們要知道，委曲婉轉的目的是要「開陳至理」，跟他把道理講清楚。

「令其心知有是非可否」，讓他明白任何事情都有是有非、有能做和不能做。「可」是能做的，「否」是不能做的。這就是取捨之道，取捨之道用現在最明白的說法就是因果。「是非可否」就是因果的道理，讓他知道有因果的道理。我們經常要通過委曲婉轉的方式來開陳至理，來介紹因果的道理。而且我們要「隨風潛入夜，潤物細無聲」。你不要今天給他講五個小時，明天他再看見你就頭疼，再也不想見你了，那就不好了。你要慢慢來，每天講兩句，每天講兩句。

現在有很多很好的電影電視，比如《了凡四訓》《俞淨意公遇灶神記》，兩個人一起看一看，通過各種各樣的機會來教育。碰到任何的事情，要善巧方便地把他引導到佛法上面來。這樣「則心識不知不覺，漸摩漸染而為轉變」，讓他慢慢在不知不覺當中轉變，潛移默化，不是說明天就馬上要讓他完全瞭解因果正見，這是比較困難的。

這是講平時沒有發生矛盾衝突的時候，就要做這個潛移默化的教育了，否則等發生衝突就會很困難了。印祖對在家居士極為瞭解，不愧是大勢至菩薩的化身。

◆至其愚傲之性發現時。

印祖用兩個字概括我們所有習氣的本性：第一叫「愚」，第二叫「傲」。又愚又傲這就是我們現代人。兩個人吵架，基本上這兩個字顯現得淋漓盡致，現在的人都是牛氣沖天的。那麼，如果愚傲之性發動現前了，應該怎麼做呢？印祖用了兩個方法：

◆可對治，則以至理名言，和氣平心以對治之。

如果你發現這個人頭腦還比較清醒，還講道理，那麼你跟他講道理。

◆否則任伊，一概置之不理。

如果他已經不講道理了，已經失去了理智，那應該怎麼辦？千萬不要去跟他對著幹，對著幹你肯定沒有好下場。如果這個人已經不講道理了，愚傲之性已經到了極點了，我們最好的辦法就是：把嘴閉起來，不要講什麼，心裡一心念佛。

◆待其氣消，再以平心和氣，論其曲直，久之則隨之而化。

等他氣消了，頭腦冷靜了，又開始恢復理智了，這個時候我們再心平氣和地與他討論其中的是非曲直。一定要把道理給他講清楚，千萬不要不耐煩，否則他下次還會繼續犯這個毛病。「久之則隨之而化」，時間長了以後，你就可以把他感化過來。

這就是印祖教給我們的秘方。夫妻之間如何相處？平時一定要潛移默化，然後在產生衝突的時候用兩種方法，這樣就非常全面了。

後面還講到一種禁忌——絕對不能做的事情。

◆若用強蠻惡辣手段，斷非所宜。

千萬不能用「強蠻惡辣」的手段，強蠻惡辣包括以嗔恨心動口、動手的家庭暴力，也包括打冷戰的冷暴力，這些都「斷非所宜」，是絕對不能做的事情，要非常小心。

◆以彼有所恃（所恃者，子女也），兼失子女觀法之訓。

「恃」是仗恃、依靠。他會通過子女來跟你吵架，這樣也就同時失去了對子女的訓導。如果夫妻吵架，那平時教給子女的聖賢之道就不靈了。如果讓子女看到這個壞樣子，父母所有的身教言教全部沒用了。所以不能用強蠻惡辣的手段，這是我們在家居士夫婦相處之道很重要的要點。

印祖講的全都是大實話，可能並非優美動聽，也沒有修飾手段、引經據典，都是用非常至誠懇切的話、非常實在的話來開導眾生。這是印祖的風格。

三、出苦的第一妙法

最後一段體現了印祖的一個特色，他任何的教言到最後都要導歸淨土。

◆念佛要時常作將死，將墮地獄想。則不懇切亦自懇切，不相應亦自相應。

一開始我們講輪迴痛苦，最後要回到「了脫生死」這個主題上面來。「念佛要時常作將死，將墮地獄想」的意思是我們念佛時要有無常的觀念，時時刻刻要想著：如果今天死了怎麼辦？如果死了可能就會墮入地獄。如果瞭解到人生的無常、輪迴的痛苦，我們修行，不管是念咒也好，修法也好，念經也好，念佛也好，不懇切也自然懇切了，不相應也自然相應了。

我們現在為什麼修法念經效果不好？有些道友說：「唉，我妄想很多啊，念佛我靜不下來啊，念經有很多妄想啊！」很簡單，你覺得明天、後天你還不會死嘛，明年、後年你還不會死嘛，你還每天在為輪迴不斷作打算，你當然妄想紛飛了。如果你五分鐘以後要死了，你還會想什麼？不會想了。

所以我們如果時時刻刻有無常的正念、輪迴痛苦的正念，修任何的法都會懇切、都會相應。這是印祖所提出來的修行非常重要的竅訣。

◆以怖苦心念佛，即是出苦第一妙法。亦是隨緣消業第一妙法。

換句話說，我們因為恐怖輪迴的痛苦而念佛、修法，這樣我們就會出離苦海，就會隨緣消業。所以說，以怖苦心念佛是出苦第一妙法。

最好的一個例子就是密勒日巴尊者，尊者就是知道自己造了很多罪，一定會墮入地獄，害怕輪迴的痛苦，他才去求法，一生當中勇猛精進地修行，最後獲得即生的成就。這就是「以怖苦心念佛，即是出苦第一妙法。亦是隨緣消業第一妙法」的實際案例。

這裡的「念佛」可以用任何修法代替。念佛是一種修法，持咒也是一種修法，讀經也是一種修法。以怖苦心修任何的佛法都是出苦、消業的妙法。

這一段印祖講了三個主題。

第一講的是輪迴的痛苦，講了輪迴裡面有兩種人：一種人能把苦轉為道用的就出離苦海，一種人不能轉為道用的就沉淪苦海。

中間講到了夫婦相處之道，平時應該怎麼做，「愚傲之性」發作的時候應該怎麼做，什麼是絕對不能做的。

最後講了出苦的第一妙法，就是要具足無常的止念以及輪迴痛苦的正念，如果這兩個都能具足，我們就可以出離苦海，就可以獲得解脫。

這是很重要的一段開示，也希望大家能夠好好地學習。

印祖的話都是實實在在的，而且都是非常實用的。對我們在家居士來講，確確實實應該遵循這些開示，這樣每個居士都能獲得成就；如果不能夠遵循這些開示的話，我們修行要成就是非常困難的。

思考題

1. 印祖講到我們在娑婆世界的兩種結局分別是什麼？你希望選擇哪種？為什麼？
2. 把痛苦轉為道用的方法有哪些？你認為什麼方法對你來說最好？為什麼？
3. 夫婦相處之道，平時應該怎麼做？對方「愚傲之性」發作的時候應該怎麼做？什麼是絕對不能做的？
4. 印祖所提出來的修行最重要的竅訣是什麼？如何應用？

第十講

習勞培福明因果

第十講

習勞培福明因果

原文

為今之計，子女當能言語知人事時，即於家庭先令認字塊。（女子雖不必令其造大學問，斷不可不識字，不通文理。母尚宜胎教，若識字通文理，則所生子女，便易為學矣。）……凡彼力能為者，必須令其常做以習勤（如灑掃執侍等）。凡飲食衣服，勿令華美。但凡抛撒五穀及損壞什物，無論物之貴賤輕重，必須告其來處不易，及折福損壽等義。倘再如此，定遭撲責，決不放過。如此則自能儉約，斷不至奢侈暴殄。及能讀書，即將陰騭文，感應篇，令其熟讀，為其順字面講演之。其日用行為，合於善者，則指其二書之善者而奬之。合於不善者，則指其二書之不善者而責之。（彭二林居士家，科甲冠於江浙，歷代以來，遵行二書，其家狀元甚多，然皆終身守此不替。）如金入模，如水有堤，豈有不能成器，仍舊横流之理乎。人之為人，其基在此。此而不講，欲成全人，除非孟子以上之天姿則可矣。

（節選自《印光法師文鈔》【增廣卷一・書一】復永嘉某居士書四）

今天我們來學習印光大師關於孩子教育問題的教言。

◆為今之計，子女當能言語知人事時，即於家庭先令認字塊。

小孩子能夠講話、稍微懂事的時候，就要讓他認字。

◆女子雖不必令其造大學問，斷不可不識字，不通文理。母尚宜胎教，若識字通文理，則所生子女，便易為學矣。

印祖非常主張女孩子一定要受教育，要識字，通文理。將為人母懷孕之時更加要好好地學習，如果母親沒有文化，孩子出生後就會不愛學習；母親有文化的話，孩子出生後就會喜歡學習，未來就會有智慧。這就是胎教。

◆凡彼力能為者，必須令其常做以習勤（如灑掃執侍等）。

小孩子稍微有一點點能力的時候，必須要讓他習勞。這也是曾國藩經常教誨子弟的——「以習勞苦為第一要義」。「灑掃執侍」，就是打掃衛生，侍奉父母親和長者。這是非常重要的！

為什麼要習勞呢？第一，一個人如果不習勞，他未來的生活能力就會非常差，不管到哪裡去，許多事情都做不來，可能生存都會有問題；第二，如果不習勞，就不知道父母親的辛苦，不知道長輩的辛苦，不知道生活的辛苦，就不會有感恩之心，就不會珍惜福報；第三，通過習勞可以得到鍛煉，並且積累福報。反之，如果不習勞、不積福，每天只是接受別人的服侍，那麼他的福報就會非常差，每天都在折福折壽。

對於小孩子，印祖說得很清楚，「凡彼力能為者，必須令其常做以習勤」，小孩子有多少能力就應該讓他盡自己的力去習勞，培養勤勞肯幹的優良品質。

◆凡飲食衣服，勿令華美。

不能奢侈，因為奢侈就是在折福折壽。如果未來想要孩子幸福快樂，必須要讓他惜福，並且不斷地積累福報，盡量少折福。吃的和穿的要盡量地簡樸，不能奢侈浪費。

◆但凡拋撒五穀及損壞什物，無論物之貴賤輕重，必須告其來處不易，及折福損壽等義。倘再如此，定遭撲責，決不放過。如此則自能儉約，斷不至奢侈暴殄。

要讓小孩子有「福氣」的概念，從小要懂得積累福報，不能夠折福折壽。對於吃的東西應該非常地珍惜，不能夠浪費。要敬人愛物——對人要尊敬，對東西要愛護。如果愛護物品，就可以延長物品的使用壽命；如果不愛護的話，就會減少它的使用壽命。

無論物品貴賤輕重，都要知道來之不易，沒有一樣東西是白白可以得到的，哪怕一粒米、一粒飯。「一粥一飯，當思來處不易；半絲半縷，恒念物力維艱」，這在《朱子治家格言》裡面說得很清楚。如果我們浪費這些財物，衣服飲食過於華美，就是在折福折壽。

做任何的事情，我們都要好好地算一算，到底是在增福增壽還是折福折壽？增福增壽的行為，就應該非常努力地去做；折福折壽的行為，就不應該去做。

舉個例子：我們現代人有一個不好的毛病，吃東西都要吃貴的，比如說各種各樣的營養品。營養品對身體到底有沒有幫助？不好說。為什麼？因為身體好的因，並不是吃營養品。如果吃營養品身體會好，應該所有人吃營養品身體都會好，但事實上不一定是這樣的。一個人身體健康的原因只有一個，就是戒殺護生。能夠永遠戒除傷害一切眾生，並且保護一切眾生，這就是未來身體健康唯一的因。其他如飲食、藥物、醫療、體育鍛煉、睡眠等等，都是助緣。如果我們沒有健康的因，就算這些助緣全部具足，也不一定會健康；如果有健康的因，再加上助緣，才能夠健康。

我們吃這些非常貴重的營養品，如果以前有健康的因，吃了以後可能會有效果；如果以前沒有種下健康的因，吃得再多也沒用。但有一點是可以肯定的，吃這些非常貴重的營養品，肯定會折損福報，吃得越貴，折損得越厲害。印光大師以前在普陀山的時候，把收到的所有供養全部轉供養給諦閑法師。他說自己福氣非常薄，不能去享用這些營養品，就是這個道理。所以印光大師的福報越來越大，最終能夠長壽，而且顯現上也獲得了很大的成就，往生後燒出很多很多的五彩舍利子。

我們每天吃這些很昂貴的營養品，到底有沒有用？大家要好好地掂量掂量自己的福報。吃也可以，但是最好在吃的同時，還要想辦法增加更多的福報。如果不能增加更多的福報，吃的時候又在折損福報，這是很可怕的。現在各種各樣的營養品都非常地貴，我們不吃的話，本來可以活一百歲，吃了營養品，變成活五十歲了（阿闍梨笑）。因為這輩子吃的福報，通過吃營養品，都吃光了。比如你一輩子有吃一萬塊錢的福報，你提前吃完了，所以也就提前死了。當然，如果你已經獲得證悟了，所有的一切都可以轉為道用，對你來說就已經不存在折損福報的問題；但是你如果沒有證悟的話，還是把帳算清楚比較好。

◆倘再如此，定遭撲責，決不放過。如此則自能儉約，斷不至奢侈暴殄。

如果你給小孩子講了道理，他還是再犯諸如「拋撒五穀及損壞什物」等錯誤的話，就一定要打他一頓，不能讓他從小養成奢侈浪費、折福折壽的行為習慣。

老子有三寶：一慈、二儉、三不敢為天下先。老子這麼厲害的聖賢，他都講第一，要有慈悲心；第二，要簡樸；第三，不敢為天下先，做任何事情都要懂得謙讓。

◆及能讀書，即將陰騭文，感應篇，令其熟讀，為其順字面講演之。

《陰騭文》就是《文昌帝君陰騭文》，《感應篇》就是《太上感應篇》，如果小孩子認識字了，就應該讓他把《文昌帝君陰騭文》和《太上感應篇》熟讀。熟讀之後，要給他講解字面的意思，讓他明白因果的道理。

◆其日用行為，合於善者，則指其二書之善者而獎之。合於不善者，則指其二書之不善者而責之。

這兩本書其實都是因果方面具體的標準。哪些是正確的因，哪些是不正確的因，哪些是正面的種子，哪些是負面的種子，在《文昌帝君陰騭文》和《太上感應篇》裡面都講得非常地具體。用這兩本書來對照日常的行為，合乎善的就應該獎勵，合乎不善的就應該指出來，讓他改惡行善。

◆彭二林居士家，科甲冠於江浙，歷代以來，遵行二書，其家狀元甚多，然皆終身守此不替。

彭二林是一個很了不起的、開悟的大居士，他們家科舉甲冠於江浙，歷代出了很多的人才、很多的狀元，都是因為遵循和終身力行《文昌帝君陰騭文》《太上感應篇》的緣故。

◆如金入模，如水有堤，豈有不能成器，仍舊橫流之理乎。人之為人，其基在此。此而不講，欲成全人，除非孟子以上之天姿則可矣。

就像金子進入模子，就會出來一個跟模子一模一樣的金器。「如金入模，如水有堤」，就是說如果我們遵循法則、符合規範的話，我們就可以成器。古人講：「不以規矩，不能成方圓。」一定要有規矩，這是非常重要的。

做人，能夠按照因果正見的原則，按照《文昌帝君陰騭文》《太上感應篇》這樣的原則去做的話，就可以成為一個君子。如果不講這些道理，卻想要擁有賢良的人格，除非他是孟子以上的天賦，根器比孟子還要好。當然比孟子還要好的天賦是不大可能的，就像佛教裡面比六祖大師還要好的根器一樣，是不大可能的。

這段教言主要講到教育孩子的兩個關鍵：第一就是習勞，孩子有一點點能力的時候，就應該讓他做一點點能力所及的事情，讓他從小增福增壽，同時不奢侈浪費，不做折福損壽的事情；第二就是懂因果，按照《文昌帝君陰騭文》和《太上感應篇》的道理來行事，未來這個孩子就會越來越好。

思考題

1. 教育孩子的兩個關鍵是什麼？
2. 為什麼要習勞？
3. 怎樣讓孩子從小培福？
4. 健康長壽的因到底是什麼？
5. 老子有哪三寶？
6. 彭二林居士家的案例給你什麼啟發？

第十一講

教育和修行的根本

第十一講

教育和修行的根本

原文

教子女當於根本上著手。所謂根本者，即孝親濟眾，忍辱篤行。以身為教，以德為範。如鎔金銅，傾入模中。模直則直，模曲則曲。大小厚薄，未入模之先，已可預知，況出模乎。近世人情，多不知此。故一班有天姿子弟，多分狂悖。無天姿者，復歸頑劣。以於幼時失其範圍。如鎔金傾入壞模，則成壞器。金固一也，而器則天淵懸殊矣。惜哉。佛以無我為教。今人每每稍有知見，便目視雲漢。是以知文字義理為佛法，而不知以修身淨心，滅除我相，力修定慧，以期斷惑證真為佛法也。

（節選自《印光法師文鈔》【增廣卷二・書二】復永嘉某居士書五）

在這段教言中，印祖指出了教育和修行的根本。

◆教子女當於根本上著手。所謂根本者，即孝親濟眾，忍辱篤行。以身為教，以德為範。

印祖說，怎樣教育孩子？一定要從根本上著手。那麼教育孩子的根本是什麼？教育孩子的根本並不是每天教他彈鋼琴，也不是要教他去學什麼技能，也不是學什麼英語、數學……最重要的是什麼？教育孩子的根本在哪裡？「孝親濟眾，忍辱篤行。以身為教，以德為範。」這些賢良的人格是最重要的。

對孩子來講，最重要的是要力行這些傳統文化的教誨，印祖在這裡講得比較簡略。「孝親濟眾」，這就是《論語》裡講的「入則孝，出則弟，謹而信，泛愛眾，而親仁。行有餘力，則以學文」。「孝親濟眾，忍辱篤行」是《論語》和《弟子規》裡講的道理，裡面結合了儒家關於五倫的道理以及佛法關於因果、修行等的道理，印祖把它們簡略地歸納總結了。

為什麼忍辱？因為有因果。人家對你所有的不好，都是因為過去的因。我們要懂得「忍辱」，不再去種下新的惡因。相反地，我們還要「篤行」——踏踏實實地去種下新的、好的因。忍辱可以讓我們消除過去的業障，篤行可以讓我們積累新的福德。「以身為教，以德為範」就是以道德為軌範，並且以身體力行去實踐。

我們教育孩子，要抓住孝道、利他、安忍、改過遷善等德行的根本，並且要重在力行。不僅孩子要學要做，家長也要言傳身教。

◆如鎔金銅，傾入模中。模直則直，模曲則曲。大小厚薄，未入模之先，已可預知，況出模乎。

孩子未來會變成什麼樣？打個比喻，就如同熔化的金銅倒入模具中，假如模具是直的，那成型的金銅器也是直的；假如模具是彎曲的，那麼鑄成的金銅器也是彎曲的。至於所鑄之器的大小厚薄，也是未入模具就已經可以預知了，不必等到匯出模具之時。為什麼？看模具就知道了。

這個模具就是印祖所說的教育的根本、德行的軌範。我們不用知道一個人的未來會怎樣，只要看看這個人的行為和德行就可以判斷他未來的前途是什麼。

◆近世人情，多不知此。故一班有天姿子弟，多分狂悖。無天姿者，復歸頑劣。

現代的人大多都不知道這個道理，都沒有照這樣做。我們現代有一點點天姿、比較聰明的人都是狂妄自大、傲慢自大、悖德悖理的。正如《孝經》中所說：「不愛其親而愛他人者，謂之悖德；不敬其親而敬他人者，謂之悖理。」沒有打好德行基礎卻有一些天姿的聰明人，往往都悖德悖理，而沒有天姿的人往往都是非常地愚癡、頑固、惡劣，這就是印光大師說的「近世人情」。我們近代都是這樣的，從民國開始，印光大師已經看到社會的這個狀況了。

◆以於幼時失其範圍。如鎔金傾入壞模，則成壞器。金固一也，而器則天淵懸殊矣。

為什麼會出現這些問題？就是因為從小的教育就缺失了德行軌範，如同模子不好，金水倒入這個模子裡面，出來就是不好的東西。如果模具是非常好的，孩子的金水進入這賢良的模具中，就會出來一個很好的器材。我一自認為，每一個孩子都是一塊璞玉，如同都是金水一樣。如果從小建立的德行根本有天地之懸，那麼長大之後成就的器材也會有天淵之別。《資治通鑑》云：「才德全盡謂之聖人，才德兼亡謂之愚人，德勝才謂之君子，才勝德謂之小人。」現代社會也有類似的說法：「有德有才是上品，有德無才是中品，無德無才是庸品，無德有才是毒品。」可見一個人能夠成什麼器，關鍵在於德行基礎這個模子上。

◆惜哉。佛以無我為教。今人每每稍有知見，便目視雲漢。是以知文字義理為佛法，而不知以修身淨心，滅除我相，力修定慧，以期斷惑證真為佛法也。

這一段講到我們學佛法的問題，我們現代的人學佛法確確實實像印祖講的一樣——「每每稍有知見，便目視雲漢」，稍微有一點點瞭解佛法道理，就目高一切，自以為是，傲慢自大。以為這個文字、道理就是佛法，其實根本不知道什麼是真正的佛法。其實文字義理並不是究竟的佛法，如果你不去實修實證，這個都是口頭禪。哪怕你精通三藏十二部，能講得頭頭是道也沒用，最關鍵的是什麼呢？「修身淨心，滅除我相，力修定慧，斷惑證真。」後面這個才是真正的佛法。

所以真正的佛法應該是怎樣的呢？「修身淨心」，我們身心要清淨；「滅除我相」，我執要淡薄；「力修定慧」，努力修學戒定慧；「斷惑證真」，最後把所有的妄想執著全部斷除了，證悟本性，這才是真正的佛法。佛法不是講的，是要去真正修證的。如果沒有修證的話，佛法沒用的；不但沒用，而且會增長傲慢，這個要非常地清楚明白。

這一段就講到了教育子女的根本以及修行佛法的關鍵。

思考題

1. 教育孩子的根本是什麼？
2. 現代家長都忙著給孩子所謂的素質教育，你覺得什麼才是真正的素質教育？
3. 印祖以模具比喻孩子未來成才、成器的關要，這個模具指什麼？
4. 為什麼要忍辱？
5. 什麼才是真正的佛法？

第十二講

齊家治國第一妙法

第十二講

齊家治國第一妙法

原文

人家欲興，必由家規嚴整始。人家欲敗，必由家規頹廢始。欲子弟成人，須從自己所作所為，有法有則，能為子弟作榜樣始。此一定之理。今欲從省事省力處起手，當以因果報應為先入之言。使其習以成性，庶後來不至大有走作。此淑世善民，齊家教子之第一妙法也。

（節選自《印光法師文鈔》【增廣卷一．書一】復永嘉某居士書六）

這一段也非常重要。這裡講到「淑世善民」，「淑世」就是濟世的意思，「淑世善民」就是拯救社會的意思。「齊家教子」就是修身齊家的意思。我們怎樣才能夠修身齊家治國平天下？第一妙法是什麼？答案就在這段話裡。

◆人家欲興，必由家規嚴整始。人家欲敗，必由家規頹廢始。

家有家規。一戶人家要興旺的話，從哪裡開始？從家規嚴整開始。一戶人家要敗落的話，肯定也是先從家規頹廢開始的。

◆欲子弟成人，須從自己所作所為，有法有則，能為子弟作榜樣始。此一定之理。

要讓孩子真正地成才，應該從哪裡開始？從自己所作所為有法有則開始，也就是我們自己的所作所為一定要有法則。法則是什麼？就是父子有親、君臣有義、夫婦有別、長幼有序、朋友有信，這就是法則。我們的言行舉止都要為孩子們作榜樣，想要孩子們未來都可以成才，這是必定的道理。

◆今欲從省事省力處起手，當以因果報應為先入之言。

怎樣才能夠省事省力地去達成這樣一個目標？就是要以因果報應的道理來教育孩

子，讓他們從小首先要接受因果的正見，具有因果的智慧。

所有的智慧中最重要的有兩種：一種是因果的智慧，也就是取捨的智慧，很清楚什麼事應該做，什麼事不應該做；另一種是空性的智慧，能夠了達萬事萬物具有無窮潛在可能性。這兩種智慧是最重要的。通過因果的正見，我們就可以完全了達世間的規律，最後可以福自己造、命自我立，這樣的話，就可以獲得幸福圓滿的人生，成為真正的人才。

◆使其習以成性，庶後來不至大有走作。

讓孩子從小都能夠學習力行因果的法則，這樣的話，他未來就不會走樣，不會走上邪路。

◆此淑世善民，齊家教子之第一妙法也。

這就是修身齊家治國平天下的第一妙法。

這段話給了我們非常大的啟示。現在很多的家庭都有問題，各種各樣的問題非常多，問題出在哪裡？其實就是我們自己作為父母親，我們的所作所為沒有法度，所作所為都是違背因果的、違背聖賢之道的。父不慈，子不孝；兄不友，弟不恭；夫不義，婦不德；君不仁，臣不忠。這樣的話，當然就會失序了，就會出現很多不吉祥的事情。

出現不吉祥、痛苦的結果，都是因為我們做人不知道要遵循什麼樣的法則。如果我們能夠深信因果、力行聖賢之道，按照這個方法去做的話，就可以獲得幸福圓滿的人生，乃至讓社會和諧，天下太平。

這段話裡我覺得很重要的一句話是「欲子弟成人，須從自己所作所為，有法有則，能為子弟作榜樣始」。特別是作為父母，方方面面、時時刻刻其實都在教育著孩子，千萬不要小看自己的影響力。

所謂的教育有兩種：一種是身教，一種是言教。真正懂得教育的人，既有身教又有言教。先用自己的行為來作榜樣，這叫身教；再把聖賢之道、因果法則講給孩子聽，這叫言教。這兩個如果結合起來的話，就會有非常好的效果。

我們通過學習，道理可能是懂一點的，但做得是不是很好？如果我們能說不能做，就不能夠給孩子作榜樣。

孔老夫子也有很多這方面的教言，《論語》裡面說：「己身正，不令而行。己身不正，雖令不從。」為什麼孩子不聽話？為什麼他背了《弟子規》卻做不到？很簡單，因為我們做父母的也沒做好。如果父母做得好，孩子一定會看在眼裡，記在心裡。

舉個最簡單的例子：作為父母親，作為長輩，我們有沒有做到坐有坐相、站有站相？如果我們每天坐得東倒西歪的，孩子未來肯定也是坐得東倒西歪；如果我們的行住坐臥非常端正，孩子看在眼裡，他們也會非常端正的。還有，做父母親的有沒有撒謊？如果我們講話非常不小心，經常撒謊，孩子一定也會有樣學樣，未來可能會有過之而無不及。古人講：「青出於藍，而勝於藍。」他最後一定會比你更厲害。我們如果沒有孝順父母，未來孩子也會更加地不孝順我們；我們如果頂父母的嘴，未來這個孩子也會頂我們的嘴，我們是「一言三頂」，他會是「一言九頂」，肯定是會超越我們的。我們任何的缺點，都可以在孩子的身上看到，並且會被放大，所以作為父母親要非常地小心謹慎。

中國古代就非常看重母親對孩子的影響。印祖專門有「母教」這方面的教言，我們後面會講到。母親的言行舉止，她的修養、為人處事對孩子的影響應該是最大的。作為一個孩子，他從母親的肚子裡已經開始接受母親的教導和影響了，因為母親所有的情緒、思想、語言和行為其實都在影響胎兒。如果一個母親不能夠控制自己的言行舉止的話，孩子就會受到不好的影響。

我們怎麼教育孩子？怎麼讓一個家庭興盛？就是一定要從因果入手，從自己的力行入手。如果我們不能夠相信因果、不能夠力行聖賢之道的話，我們的家庭就沒有發達的可能性，我們的孩子也不會很好。這個道理不僅適用於齊家，也同樣適用於治國。

思考題

1. 一戶人家要興旺的話，從哪裡開始？
2. 要讓孩子真正地成才，應該從哪裡開始？
3. 修身齊家治國平天下的第一妙法是什麼？
4. 智慧最重要的有哪兩種？
5. 身教和言教，先後次序應該是怎樣的？怎樣相結合效果才會好？

第十三講

◆◆◆

傳統文化與現代學校教育

第十三講

傳統文化與現代學校教育

原文

然讀書之時，不可即入現設學校。宜合數家請一文行兼優深信因果之師，令其先讀四書及五經耳。待其學已有幾分，舉凡文字道理，皆不被邪說俗論所惑。然後令其入現學校，以開其眼界，識其校事。不致動與時乖，無由上進矣。能如是，則有天姿者，自能有為。無天姿者，亦為良善。獨善兼善，自利利他，實不外此老僧常談也。

（節選自《印光法師文鈔》【增廣卷一．書一】復永嘉某居士書四）

這一段非常重要，是講傳統文化如何與現代學校教育接軌的方法。

◆然讀書之時，不可即入現設學校。宜合數家請一文行兼優深信因果之師，令其先讀四書及五經耳。

現代的教育要不要去接受？學校要不要去讀？印光大師說，要去讀，但是接受現代教育必須要有一個前提——首先應該讀四書五經，應該深信因果。印光大師建議，到了孩子可以讀書學習的年齡，宜聯合幾個家庭一起，請一位德才兼優、深信因果的老師，先教孩子中華優秀傳統文化。

◆待其學已有幾分，舉凡文字道理，皆不被邪說俗論所惑。

那麼這個前提要達到什麼樣的標準才可以呢？印祖說，要讓孩子的學習有了幾分成效，對於文字、道理，都能夠不被邪說、俗論所迷惑了，這時才可以進入現代學校學習。

孩子從小要開智慧，要有辨別是非的能力，明信因果，知道什麼是對的，什麼是錯的，這時他才能夠進入現代的學校，這就是印祖所主張的原則。

現在社會上各種各樣的資訊非常多，要保護孩子，是不是就要把孩子永遠養在溫室裡面，放在我們身邊，不讓他們出去？不是的，最關鍵是要教給他分辨善惡的能力。看電影、看電視、上網，要讓他一輩子完全不做這些事情是不現實的。我們要在他沒有接觸這些事情之前，給他打預防針，告訴他正確的是什麼，錯誤的是什麼；然後在日常生活當中，在他接觸這些的時候幫他分析，讓他能夠不被邪說、俗論所惑。

作為在家人，不與社會接觸是不可能的；不去接受現代的教育，可能性也不是很大。那麼怎樣才能夠保證在進入社會、接受現代教育時，不被邪說、俗論所迷惑，不被那些不良的資訊所影響呢？就是要增長孩子的智慧。

我們在讓孩子進入社會學校之前，我覺得最重要的是要做好兩件事情：

第一，培養孩子賢良的人格和良好的做人習慣。《孝經》《弟子規》裡所說的道理都能夠明白，都能夠去力行，成為他做人的規範和習慣。做任何的事情，與任何人相處，都能夠按照這些聖賢的教言去做。

第二，開啟孩子的智慧，讓他明信因果。小孩子開智慧，並不是要讓他證悟空性，這對他來說要求太高了。最重要的是要讓他明信因果，對因果的道理要非常地清楚明瞭。《太上感應篇》《文昌帝君陰騭文》《關聖帝君覺世真經》這些經典中的教言要非常地熟悉，凡事以此作為判斷的標準。未來他到了社會上，看電視、上網，他知道哪些是正確的，哪些是不正確的；哪些該做，哪些不該做；哪些事情做了以後會有什麼樣的後果，他內心都非常地清楚明白。這樣的話，我們就可以放心了，否則還是比較危險的，他會心隨境轉，被社會所污染。所以讓孩子明信因果是非常非常重要的。

◆然後令其入現學校，以開其眼界，識其校事。不致動與時乖，無由上進矣。能如是，則有天姿者，自能有為。無天姿者，亦為良善。獨善兼善，自利利他，實不外此老僧常談也。

有些學習傳統文化的父母比較極端，不讓自己的孩子去學校讀書，只學習傳統文化。其實不去學校讀書也不是太好。印祖認為，在具足因果正見、明白聖賢之道、能夠「不被邪說俗論所惑」之後，還是要去學校讀書，這樣可以開眼界，而且不至於跟不上時代，不至於未來失去在社會上發展的機會和空間。

如果能夠把傳統文化的基礎打好了再去上學，那麼，有天姿的孩子自然能夠有所作為，沒有天姿的孩子也能成為良善之人。這樣，孩子的一生不管獨善其身，還是兼濟天下；無論自利，還是利他，都可以實現。這就是印祖的智慧忠告。

思考題

1. 現代的教育要不要去接受?學校要不要去讀?為什麼?
2. 怎樣才能夠保證孩子在進入社會、接受現代教育時，不被邪說俗論所迷惑，不被那些不良的資訊所影響呢?
3. 在讓孩子進入社會學校之前，最重要的兩件事情是什麼?

第十四講

幼兒教育

第十四講

幼兒教育

原文

竊謂父母愛子，無所不至。唯疾病患難，更為嬰心。小兒甫能言，即教以念南無阿彌陀佛，及南無觀世音菩薩名號。即令宿世少栽培，承此善力，必能禍消於未萌，福臻於不知。而關煞病苦等險難，可以無慮矣。稍知人事，即教以忠恕仁慈，戒殺放生，及三世因果之明顯事蹟。俾習以成性。在兒時不敢殘暴微細蟲蟻，長而斷不至作奸作惡，為父母祖先之辱。

（節選自《印光法師文鈔》【增廣卷二・書二】復永嘉某居士書一）

這段也是講孩子教育。

◆竊謂父母愛子，無所不至。唯疾病患難，更為嬰心。

父母對孩子的愛心是無微不至的，生病的時候更加地痛惜。

◆小兒甫能言，即教以念南無阿彌陀佛，及南無觀世音菩薩名號。

小孩子剛剛能說話的時候，就要教他念「南無阿彌陀佛」和「南無觀世音菩薩」名號。

我們應該從小就讓孩子念諸佛的萬德名號，因為佛號裡面就具足無比的福德。還可以念觀音心咒「嗡嘛呢巴美吽舍」，在西藏很多的小孩在會叫媽媽的時候就會念「嗡嘛呢巴美吽舍」了。

◆即令宿世少栽培，承此善力，必能禍消於未萌，福臻於不知。

如果孩子從小就能念誦「嗡嘛呢巴美吽舍」「南無觀世音菩薩」「南無阿彌陀佛」

等這些佛號、心咒的話，即使他前世沒有很大的福報，只要他每天好好地念，他的福報就會每天增長，業障就會每天消除，災禍在沒有產生之前就被消滅了。《佛說觀無量壽佛經》中說：「稱佛名故，於念念中，除八十億劫生死之罪。」所謂「念佛一聲，增福無量」，我們通過念佛、念咒就可以消除很多的業障，就能增長很大的福報。

◆而關煞病苦等險難，可以無慮矣。

有些孩子從小身體特別不好，各種各樣的病、災難特別多，這是他過去生中福報淺薄、業障深重的一種表現。如果一個孩子從他能開口說話時，我們就教他念「嗡嘛呢巴美吽舍」「南無觀世音菩薩」「南無阿彌陀佛」等這些殊勝的心咒和名號，他未來的福氣就會非常好，災難病苦就可以消除，就不用在這方面擔憂了。

◆稍知人事，即教以忠恕仁慈，戒殺放生，及三世因果之明顯事蹟。俾習以成性。在兒時不敢殘暴微細蟲蟻，長而斷不至作奸作惡，為父母祖先之辱。

在他有一點點明白事理、開智慧的時候，就一定要教他「忠恕仁慈，戒殺放生，及三世因果」等道理，因為這些非常重要的智慧可以幫助他一生一世，乃至生生世世獲得快樂，消除痛苦。積行成習，積習成性，小的時候愛護蟲蟻等小動物，長大了也不會作奸作惡，成為父母祖先的恥辱。

我們現在有很多非常好的教材，比如《弟子規》《德育啟蒙》《孝經》等，都可以給孩子們看一看，講一講；讓他們讀一讀，背一背。最重要的是做父母的一定要以身作則，在孩子面前力行《弟子規》，給他作榜樣。

孩子為什麼頑劣？為什麼不聽話？為什麼有很多壞習慣？大家想想看，這些壞習慣是從哪裡來的？極有可能是從父母這裡學來的。這一點我們一定要非常地謹慎小心，為人師表、為人父母不是那麼容易的。我經常開玩笑：很多父母都是沒有經驗，怎麼做父母親還不知道，就已經生了孩子。我們的言行舉止中很多不恰當之處，孩子耳濡目染都學會了，最後這個孩子也變得非常有問題了。

現代人結婚也沒有婚前培訓，也沒有得到培訓合格的「證書」就走入了婚姻，也不大清楚夫妻關係該怎麼相處，什麼是作為父母該做的事情，什麼是真正地為孩子好，這些道理很多人都不懂，這是現代人一個非常大的問題。印光大師的「在家居士修行之道」中一個很重要的內容就是要把人做好。

想要把人做好，我們一定要聽這些真正聖賢的教言，這些教言都是經過了時間檢驗的智慧結晶，再過一萬年還是會有用的。現在有些書、有些道理，看起來好像是挺有道理，但是過了十年二十年可能就被淘汰了。但是佛陀、孔老夫子這些智者的教言最起碼有兩千五百年的歷史，印祖講的道理都是結合了儒家和佛法的精華，是「上契諸佛之理，下契眾生之機」的殊勝教誨，我們一定要好好地學習，牢牢地記住，然後按照這些去做。

我覺得最難的是自己的力行，如果我們從小沒有受過很多的聖賢教育，那麼現在的言行舉止就會多有悖德悖理之處。如果我們沒有好好學習傳統文化的話，可能覺得自己還挺不錯的；但是我們如果好好學習，就會發現自己從頭到腳都是毛病：內心當中沒有正知正念，外面的行為也有很多不當之處，坐沒坐相，站沒站相。如果我們以這樣的行為給孩子作榜樣，孩子跟我們學的結果會是怎麼樣？會不會比我們更差？這是非常可怕的事情，一定要非常地小心。

我們是怎樣對待父母親的，未來孩子就會怎樣對待我們。我們今天對父母非常隨便，孩子以後會更隨便；我們現在尊重父母親，未來孩子就會更加尊重我們；我們現在每天說謊、吵架，未來孩子也會變本加厲，比我們更會說謊、吵架。這一點希望大家一定要非常重視，為了自己、為了孩子，我們必須要謹言慎行，好好地觀照自己的身口意，讓自己的身口意都能夠獲得清淨。

思考題

1. 小孩子從小消災避禍的方法有哪些？
2. 什麼是作為父母該做的事情？
3. 父母應以怎樣的言行為孩子作榜樣？
4. 啟蒙教育中哪些智慧可以影響孩子的一生？

第十五講

◆◆◆

德行與才華

第十五講

德行與才華

【原文】

子弟之有才華，有善教，則易於成就正器。無善教，則多分流為敗種。今日之民不聊生，國步艱難，幾於蹶覆者。皆有才華無善教者，漸漸釀成之也。無才華，固宜教其誠實。有才華，益宜教其誠實。然誠實亦可偽為。最初即以因果報應，及人之一舉心動念，天地鬼神，一一悉知悉見，作常途訓誨。而陰騭文，感應篇，必令其熟讀。且勿謂此非佛書而忽之。以凡夫心量淺近，若以遠大之深理言之，則難於領會。此等書，老幼俱可聞而獲益。而況德無常師，主善為師乎。佛尚以死屍糞穢毒蛇，令人作觀，以之證阿羅漢者，逾恒河沙。況此種貼實存養省察之言句乎。

（節選自《印光法師文鈔》【增廣卷二・書二】復永嘉某居士書七）

我們先來看前兩句：

◆子弟之有才華，有善教，則易於成就正器。無善教，則多分流為敗種。今日之民不聊生，國步艱難，幾於蹶覆者。皆有才華無善教者，漸漸釀成之也。

印光大師告訴我們種種社會問題的根源到底是什麼。印祖說的是民國時候的社會狀況，大家也可以對照自己，有則改之，無則加勉。

孩子如果非常聰明的話，其實很危險。現在的孩子很多確實都非常聰明，年紀很小智商都非常地高，但這樣的人恰恰需要更好的教育。如果我們教育得好，這樣的孩子未來就容易「成就正器」，可以利國利民；如果教育不好，那他多半就會變成一個壞人，對社會產生各種各樣不好的作用。

當時民國的時候，「民不聊生，國步艱難」，幾乎到了快要亡國的境地，印祖分析說：「皆有才華無善教者，漸漸釀成之也。」什麼樣的人會禍國殃民？就是這些沒有德行但有才華的人，這種人是非常危險的。

◆無才華，固宜教其誠實。有才華，益宜教其誠實。然誠實亦可偽為。

沒有才華的人，要教他誠實；有才華的人，更應該要教他誠實。印光大師告訴我們，教育孩子，包括教育學生，最重要的是要教德行，德行裡面最重要的是誠實。但要做到真正的誠實也不容易，誠實也可能是偽裝的，做給別人看的。

◆最初即以因果報應，及人之一舉心動念，天地鬼神，一一悉知悉見，作常途訓誨。而陰騭文，感應篇，必令其熟讀。

所以最初的教育要特別重視因果的正見，包括「人之一舉心動念，天地鬼神，一一悉知悉見」的道理，把這些都要當做日常的訓導來教育孩子，讓他知道我們每個人的一舉一動、起心動念都是有天地鬼神在看著的，我們所有的身口意，諸佛菩薩和天地鬼神都看得清清楚楚、明明白白，所以偽裝也是毫無意義的。我們一定要讓孩子們熟讀《文昌帝君陰騭文》和《太上感應篇》，這些都是幫助我們樹立因果正見的寶典。

◆且勿謂此非佛書而忽之。以凡夫心量淺近，若以遠大之深理言之，則難於領會。此等書，老幼俱可聞而獲益。

印祖特別強調，不要認為這些不是佛書就忽略它們，認為「我們修行大乘佛法還讀什麼《文昌帝君陰騭文》《太上感應篇》？這些都只是道教的善書」，不要這樣想。因為凡夫心量淺近，如果把佛法寬廣甚深的道理直接教給他的話，會難以領會，而像《文昌帝君陰騭文》《太上感應篇》這些書裡面的道理就比較淺顯易懂，不論男女老幼，聽了以後，馬上都可以得到利益，知道什麼該做，什麼不該做，什麼做了以後得到福報，什麼做了以後得到災禍，心裡非常清楚。

◆而況德無常師，主善為師乎。佛尚以死屍糞穢毒蛇，令人作觀，以之證阿羅漢者，逾恒河沙。況此種貼實存養省察之言句乎。

何況修養道德並沒有固定的老師，所有導向善的人事物都可以作為老師。佛陀教導弟子尚且以死屍、糞穢、毒蛇之類作為觀修的對境，以此成就阿羅漢果位的人不計其數，比恒河裡的沙子還要多。何況像《文昌帝君陰騭文》《太上感應篇》等這樣能切實培養人的德行修養、使人能夠反省檢查自己的文章詞句呢？

印祖告訴我們，《文昌帝君陰騭文》《太上感應篇》《關聖帝君覺世真經》《了凡四訓》《俞淨意公遇灶神記》等善書雖然不是佛經論典，但都是非常好的教言，我們應該和孩子們一起好好地學習。通過學習，讓自己和孩子都成為深信因果的人。

越是聰明和有才華的人，越是應該好好地學習傳統文化，增長自己的德行。如果聰明有才卻沒有德行的話，所有的才能只會用來害人害己；如果有德行的話，所有的才能都可以用於自利利他。這就是我們教育孩子及教育學生最重要的原則。

希望大家都能夠牢記印祖的教言，特別是我們在修身齊家方面，希望每個人都能做得非常好，所有的孩子都能夠成聖成賢，未來都能夠成佛作祖。

◆思考題◆

1. 什麼樣的人會禍國殃民？
2. 教育孩子從哪裡入手？
3. 如何能夠防範自己偽誠實？
4. 為什麼印祖特別推薦學習《文昌帝君陰騭文》《太上感應篇》？

第十六講

青少年教育

第十六講

青少年教育

原文

人之一生成敗，皆在年幼時栽培與因循所致。汝已成童，宜知好歹，萬不可學時派。當學孝，學弟，學忠厚誠實。當此輕年，精力強壯，宜努力讀書。凡過讀之書，當思其書所說之事，是要人照此而行，不是讀了就算數了。書中所說，或不易領會。而陰騭文，感應篇等皆直說，好領會。宜常讀常思，改過遷善。於暇時尤宜念阿彌陀佛，及觀世音菩薩，以期消除業障，增長福慧，切勿以為辛苦。古語云，少壯不努力，老大徒傷悲。此時若錯過光陰，後來縱然努力，亦難成就。以年時已過，記性退半，所學皆用力多而得效少耳。第一先要做好人。見賢思齊焉，見不賢而內自省焉。第二要知因果報應。一舉一動，勿任情任意。必須想及此事，於我於親於人有利益否。不但做事如此，即居心動念，亦當如此。起好心，即有功德。起壞心，即有罪過。要想得好報，必須存好心，說好話，行好事，有利於人物，無害於自他方可。倘不如此，何好報之可得。譬如以醜像置之於明鏡之前，決定莫有好像現出。所現者，與此醜像，了無有異。汝果深知此義，則將來必能做一正人君子，令一切人皆尊重而愛慕之也。祈審慎思察，則幸甚幸甚。

（節選自《印光法師文鈔》【增廣卷一・書一】與周法利童子書）

這是印祖給一位叫周法利童子的開示。童子指未成年人，所以這段是印祖對青少年的開示。對於成年的我們來講，雖然我們年紀大了，但因為青少年的時候沒有受過很好的教育，現在也要補課。所以學習這段教言，一方面可以自勉；另一方面，未來我們如果要教育孩子就知道方向是什麼，清楚作為一個孩子要學習什麼。這也是一篇非常重要的開示。

◆人之一生成敗，皆在年幼時栽培與因循所致。

人一生的成敗都在於年幼的時候所受的教育和養成的習慣。如果我們年幼的時候所受的教育非常好，形成很好的人生見解和習慣，未來就會比較好；如果年幼的時候沒有受到很好的教育，那我們的一生就會非常麻煩，因為我們會做錯很多事情，種下很多負面種子，積累很多的罪業，消耗很多的福報，所以一生就會非常坎坷，未來會非常困難，非常麻煩。

◆汝已成童，宜知好歹，萬不可學時派。當學孝，學弟，學忠厚誠實。

你現在已經是少年了，應該知道好歹，千萬不能跟隨現在時髦的東西。應該學孝悌，學忠厚誠實。

印祖在民國時的開示對現代人依然非常有針對性。當下流行的東西、時髦的東西很多都會讓人種下負面種子，消耗福報，增長我執，增長我慢，是不能學的。應該學孝悌，學忠厚誠實，這是賢良人格的基礎、聖賢之道的基礎。如果我們現在每天都學時興，趕時髦，看起來很快樂，但未來就有無盡的苦果跟在我們後面了。

◆當此輕年，精力強壯，宜努力讀書。凡過讀之書，當思其書所說之事，是要人照此而行，不是讀了就算數了。書中所說，或不易領會。而陰騭文，感應篇等皆直說，好領會。宜常讀常思，改過遷善。

印祖接著講在「學孝，學弟，學忠厚誠實」的基礎上應該讀聖賢書。印祖說，現在你年輕，精力旺盛，應該努力讀書。讀書不是為了「長浮華」，讀書是為了照書中所說的聖賢之道去力行。聖賢之道是很深奧的，有的不太容易明白。印祖反覆推薦《文昌帝君陰騭文》《太上感應篇》，因為裡面的道理是非常直接的，好領會。應該每天好好地讀，按照書中說的去做，把過失都改正，力行善業。

◆於暇時尤宜念阿彌陀佛，及觀世音菩薩，以期消除業障，增長福慧，切勿以為辛苦。古語云，少壯不努力，老大徒傷悲。此時若錯過光陰，後來縱然努力，亦難成就。以年時已過，記性退半，所學皆用力多而得效少耳。

印祖說在閒暇的時候，尤其應該念阿彌陀佛和觀世音菩薩的萬德名號。因為靠自己的力量太慢了，所以要祈求佛菩薩的加持。如果我們念誦諸佛菩薩的名號，念誦心咒，念誦佛經，就可以消除業障，增長福慧，改過遷善就會事半功倍。千萬不要以為念佛很辛苦，念經很辛苦，不能這樣想。古語說：「少壯不努力，老大徒傷悲。」我們少年的時候不好好用功，以後要學就很困難了。年紀大了「記性退半」，學習起來事倍而功半，一定要趁年輕的時候多學習。包括我們現在也一樣，雖然老了，但是還沒有太老，還是得用功，不然以後更老的時候學習就更麻煩、更吃力。

◆第一先要做好人。見賢思齊焉，見不賢而內自省焉。

第一要做好人。怎麼做好人呢？見到好的，我們要學習；見到不好的，我們要反省自己是不是有這樣的過錯。這叫「三人行，必有我師」，我們看到好人、看到壞人都可以學習，要做善於學習的人。

◆第二要知因果報應。

第二句更加重要，更深入。怎麼才能做一個好人？要知因果報應，如果不知因果報應，肯定做不了好人。

◆一舉一動，勿任情任意。必須想及此事，於我於親於人有利益否。

我們是不是可以隨心所欲，想怎麼想就怎麼想，想怎麼做就怎麼做，想怎麼說就怎麼說？當然可以。但是你必須明白一點，你要承擔所有的後果。所有的想法、語言、行為一定會有後果，而且一定是和你的所想、所說、所做是性質相同的。善念就會有善的結果，惡念就會有惡的結果；好話就會有好的結果，壞話就會有壞的結果；好的行為就會有好的結果，不好的行為就會有痛苦的結果。

所以，做任何的事情都必須要好好想想我們的一言一行、一舉一動對自己未來有沒有好處。我們今天這樣說了，這樣做了，這樣想了，所種下的因未來得到結果的時候，我們願不願意接受？如果不願意接受，就不要去想，不要去說，不要去做。也要考慮，我們的父母親會不會接受？對別人有沒有利益？這就是我們做人做事的原則，要經常想想「於我於親於人有利益否」。

◆不但做事如此，即居心動念，亦當如此。

不但做事要這樣，起心動念也要這樣。想法、說法、做法都要以此為標準。

◆起好心，即有功德。起壞心，即有罪過。要想得好報，必須存好心，說好話，做好事。有利於人物，無害於自他方可。倘不如此，何好報之可得。

「存好心，說好話，做好事」，這個三好運動，印祖早就已經提倡了。要想得到好的結果，就必須在身口意方面種下好的種子。什麼是好的種子？標準就是有利於人，有利於物，無害於己，無害於他。符合這樣的標準才能夠去做，才能夠去說，才能夠去想。如果不是這樣的話，我們怎麼會得到好的結果呢？我們每個人都想得到快樂，每個人都想得到利益。如果我們種下的是負面的種子，怎麼可能得到快樂？怎麼可能得到利益？

◆譬如以醜像置之於明鏡之前，決定莫有好像現出。所現者，與此醜像，了無有異。

比如把一個很醜的像放在鏡子前面，鏡子裡決定不會出現好的像。鏡中所出現的，與這個醜像會一模一樣。

這就是因果的道理。我們種下什麼樣的種子，就會得到什麼樣的結果，性質相同，方向相反。我們給出去什麼，在鏡子裡就會看到給回來什麼。一樣的道理，我們如果存壞心，說壞話，做壞事，肯定不可能有快樂的結果、幸福的結果、好的結果。這點要非常瞭解，如果我們深信因果，知道一切事物都是由因果決定的，我們就會對自己的身口意好好去觀照，會謹言慎行，會如臨深淵、如履薄冰；不然我們就會放逸，對自己沒有要求，不知不覺就會種下很多痛苦的因。

◆汝果深知此義，則將來必能做一正人君子，令一切人皆尊重而愛慕之也。祈審慎思察，則幸甚幸甚。

你如果能夠深入地瞭解我前面所講的這些道理，將來一定可以成為正人君子，令大家都尊重你，愛慕你。

這是印祖寫給一個孩子的信，但對於我們所有的同學來講也都是非常地重要。首先，如果我們小的時候沒有接受過好的教育，我們就應該從今天開始好好地補課；第二，如果我們從小已經明白了這些道理，我們就要從今天開始好好地力行。因為明白很容易，但力行卻是很困難的，一定要靜下心來好好地力行。如果我們力行好了，未來我們要以此來教育自己的孩子，教育其他人的孩子。

總的來說，就是一定要培養賢良的人格。這些是我們教育孩子非常重要的要點，如果我們能夠知道這些，並用來自利利他，我們就可以把修身齊家治國平天下的事情做好；如果我們不能做到，要修身齊家治國平天下是不可能的。希望大家一定要從這裡開始做起。

◆思考題◆

1. 印祖說：「汝已成童，宜知好歹，萬不可學時派。當學孝，學弟，學忠厚誠實。」時派與孝悌忠信區別何在？未來各有什麼結果？請舉例說明。

2. 印祖說：「有利於人物，無害於自他方可。」有人在抉擇時常困擾於「父母讓我這樣做，朋友建議我那樣做，而我希望如何如何做」，到底該怎麼做？誰說了算？以何為準繩？

3. 請解釋「三人行，必有我師」。請說說你平時是如何做的。

4. 「譬如以醜像置之於明鏡之前，決定莫有好像現出。所現者，與此醜像，了無有異。」這個比喻蘊含了什麼道理？

第十七講

珍惜年少好時光

第十七講

珍惜年少好時光

原文

人生世間，數十年光陰，瞬息即過。若或虛度，則欲再得此光陰，決無可得之時。人之成敗，全在幼時。幼時若已空過，若至二十歲時，已經失其機會。汝父母俱以余為師。余於汝，頗存希望成一真正淳善之器，以慰汝父母愛汝之心。汝宜立大志向，學做好人。切不可隨順惡少，胡作非為。凡行一事，說一話，必須要於己於人有益。汝現在已成人娶妻矣。不一二年即為人父矣。汝若無真正志向，則將來汝之兒女，便學汝之隨順庸流，無所成就矣。父母者，兒女之模範也。譬如鑄器，模範不好，決不能令所鑄之器好。人雖至愚，決無不願兒女好者。不知兒女之好否，當在自己心行中求。況汝生於富貴，了未受過艱苦。須知汝之安樂，過上二十年，乃汝父之力之所加被耳。倘汝不立志，汝父在則猶可依靠。然已六十多矣，斷不能照應汝一生。此時不立志，汝父若一去世，汝一事不能為。將有傾家破產，不免饑寒之憂。到此縱能知悔，已經來不及了。汝宜每日將太上感應篇，文昌陰騭文，關帝覺世真經，日讀三五遍，至少須一遍。亦令汝妻日日讀之，自可知為人之道理。既知為人之道理，則便可繼汝父之家風。凡一切人皆欽仰汝，以為汝父素好善，故有此令郎。此其榮為何如也。光宗耀祖，成家立業，只在能立志學好而已。豈有甚麼難行難做處。祈詳審思之。（民十八十一月十六日）

（節選自《印光法師文鈔》【三編卷下．卷三】復某居士書）

在家居士的修行方法和出家人的修行方法在很多方面是不一樣的。印祖在一生當中一直在教誨以在家居士為主的很多有緣弟子。這段是印祖給一位居士寫的信。

◆人生世間，數十年光陰，瞬息即過。若或虛度，則欲再得此光陰，決無可得之時。

人生在世，數十年時光，一眨眼就過去了。要想把虛度的光陰再找回來，那是絕沒有可能的。

這就是佛法裡講的「人身難得」的道理。大家如果學過「暇滿難得」「壽命無常」，就會知道，真正要得到這個人身是非常困難的，但失去這個人身是非常容易的。

如果我們已失去人身，要想再得到，那比登天還難。這句話是講暇滿難得、壽命無常的道理，非常重要。

我們都已經得到了無比珍貴的暇滿人身，可能就這麼一回，極難有第二回。但是我們有誰真正已經明白暇滿人身的珍貴而非常珍惜？從而把所有的暇滿人身都用在修行成佛、度化眾生上面？我們可能大部分的時間裡都在散亂，甚至還在造惡業，這樣就非常對不起我們的暇滿人身。

我們得到暇滿人身後最重要的是什麼？決不能用這個珍寶人身去造惡業，決不能浪費這個珍寶人身去做沒有意義的事情。一定要利用這個珍寶人身去做最有意義的事情——成佛和度化眾生。如果沒有這樣做，那就浪費了珍寶人身，浪費了人生珍貴的光陰。

◆人之成敗，全在幼時。幼時若已空過，若至二十歲時，已經失其機會。

一個人一生能不能成就，一生當中會有什麼樣的結果，都是靠小時候的教育。小時候如果已經虛度光陰，到二十歲時，已經失去機會。

印祖非常重視幼時的教育，認為小時候的教育是非常重要的。現在很多同學是成年以後才跟我們一起學傳統文化，有的學了很久，《弟子規》還是做不到，賢良的人格還是很難具備。這就是印祖講的「若至二十歲時，已經失其機會」。小時候養成的惡習，大了很難改正。俗話說「三歲看到老」，已經養成的習慣是很難改變的。

讓孩子從小就接受很好的教育，接受傳統文化的教育是非常重要的，這是印祖的教誨。這封信是寫給一位二十歲左右的居士，所以苦口婆心地勸他要珍惜時間，不要浪費光陰，否則二十歲以後就失去機會了。那是不是二十歲以後才學習就一點機會都沒有了呢？應該也不是這樣的，只要我們知道修行的重要性，知道什麼是正確的，什麼是不正確的，最起碼我們可以朝好的方向發展，雖然錯過了小時候最好的、最重要的教育時機，但是我們還是有機會的。只是現在要改比較不容易，需要下更大的決心和更大的功夫。佛法裡面有很多殊勝的方法，尤其是金剛乘的一些教法，可以強有力地、迅速地淨除惡業，積累福報，改變命運，改變習氣。所以還是有很多成年以後跟隨我們學習的道友改變了命運，在培養賢良的人格方面不斷進步。

◆ 汝父母俱以余為師。余於汝，頗存希望成一真正淳善之器，以慰汝父母愛汝之心。

印祖說，你的父母都是我的弟子，我對你也心存希望，希望你能成為「淳善之器」。就是你要有個賢良的人格，成為法器，成為很好的聖賢，來報答你父母對你的這份愛心。

這就是要我們行孝道，要報父母恩。我們做任何的事情不僅僅是「我想做什麼就做什麼」，非常重要的一條是我們是否對得起自己的父母親。如果我們對不起自己的父母親，那就是忤逆不孝；如果我們做事情時時刻刻想著要報答父母親的恩德，要養父母之身，養父母之心，養父母之志，要實現父母對我們正確的期望，那麼我們就會成為聖賢。

◆ 汝宜立大志向，學做好人。切不可隨順惡少，胡作非為。

你應該樹立遠大志向，學做好人，千萬不可親近隨順狐朋狗友，胡作非為。

印祖說首先是立志。學貴立志，讀書志在聖賢。就像我們學佛，首先是發菩提心，也是一種立志。所謂的大志向從佛法角度來講就是菩提心，從儒家角度來講就是「為往聖繼絕學，為萬世開太平」。

為什麼人做不好？是因為沒有好的志向。發心是錯誤的，當然後面的就全部錯了；只有發心是正確的，才能保證後面的道路是正確的。立志極為重要，立志以後就要踏踏實實學做好人。

怎麼學做好人？不能夠親近隨順狐朋狗友，胡作非為。《吉祥經》裡第一句話就是「遠離眾愚迷，親近諸智者，尊敬有德者，是為最吉祥」，就是這個道理。

◆凡行一事，說一話，必須要於己於人有益。

這就是行事說話的原則。我們不管做任何事，說任何話，首先要想對自己、對別人有沒有利益。如果沒有利益，絕對不能做、不能講；如果有利益，才能做、才能講。這就是行事和說話的原則——必須利人利己。

◆汝現在已成人娶妻矣。不一二年即為人父矣。汝若無真正志向，則將來汝之兒女，便學汝之隨順庸流，無所成就矣。

印祖告訴他，你現在已經成家了，很快會為人父，現在不好好立志，不好好學習，未來你的兒女就會學你的樣子，「隨順庸流」，沒有什麼成就。

我們做父母的為什麼要好好學？不僅僅是為了自己，還要為了孩子，為了子孫萬代。一個人如果知道孝道，上有報父母之恩、養父母之志的心，下有傳承中華文化、讓子孫都能賢良的心，自然而然會好好學習，力行聖賢之道。如果我們上沒有報父母之恩、養父母之志的心，下沒有令兒女成聖成賢的心，一定不會好好學，不會好好力行，那我們這輩子就報廢了。

◆父母者，兒女之模範也。譬如鑄器，模範不好，決不能令所鑄之器好。

父母就是子女的模範，模範就是模子。就像要鑄造一個器皿，模子不好，鑄出來的東西就不好；模子好，鑄出來的東西才能好。

印祖這裡強調了父母作為第一任老師，是子女的榜樣，家庭教育是非常重要的。所以父母要作好榜樣，修好自己，言傳身教，正己化人。

但是從根本上來講，孩子未來會怎樣，不是由父母決定的，而是由他自己的業力決定的，由他自己的善根福德因緣決定的，父母只是一個外在的條件，一個助緣。所以我們最好能夠用佛法來改變孩子的業力，引導他從小修學佛法，就可以清淨業障，積累資糧，父母也可以在這方面輔助孩子，念經修法回向給他，這些對他的命運其實是最關鍵的。

◆人雖至愚，決無不願兒女好者。不知兒女之好否，當在自己心行中求。

再愚癡的父母親也一定希望自己的兒女好，所有的父母親都是一樣的。但很多做父母的都不知道，其實要想兒女好，首先是我們做父母的，自己要修心修行。你一味地想要管教和改變你的孩子，不如反求諸己、修好自己。所謂身教者從，父母要給孩子作一

我很瞎，我是小米酒
——台灣第一隻全盲狗醫生的勵志犬生

作者／杜韻如
定價350元

台灣第一隻全盲狗醫生，
從銀髮族到小朋友都被她的笑容融化！

暖心推薦｜隋棠／知名演員、米可白／知名藝人
張洋崇／台灣狗醫生協會理事長等

一路跌跌撞撞，照樣單純天真又快樂，大病小病不斷，仍然散步玩樂享美食，從特殊教育中心到安養院，小米酒是大人小孩的開心果，更是人類最好的心靈療癒師。

用瑜伽療癒創傷
——以身體的動靜，拯救無聲哭泣的心

作者／大衛・艾默森 (David Emerson)、伊麗莎白・賀伯博士 (Elizabeth Hopper, Ph.D.)　譯者／許芳菊
定價380元

引言推薦｜貝賽爾・范德寇醫生／創傷研究先驅、
《心靈的傷，身體會記住》作者

沒有人是「創傷」的局外人！
「創傷」其實無所不在！從戰爭災禍到性侵受虐、從校園霸凌到政治暴力、從酸民爆卦到媒體抹黑……，你我曾深受影響，甚至仍無法平息……。

療癒創傷新里程！不只心理諮商，更需身體練習
只著重在理論和談話是不夠的，讓我們現在就來練習專注在動作裡，去信任身體的智慧，又一次活得像自己！

祖先療癒——連結先人的愛與智慧，解決個人、家庭的生命困境，活出無數世代的美好富足！

作者／丹尼爾・佛爾 (Daniel Foor)　譯者／林慈敏
定價550元

讓看不見的祖先力量　成為我們生命中的最大支持與解答！

衷心推薦｜林明謙／紀錄片〈看不見的台灣〉導演
貫譽／天語翻譯人、宇色／靈修作家

我們有充滿愛與智慧的祖先，也會有麻煩卻深具影響力的祖先。若能審慎地透過修復儀式與祖先連結，不僅能療癒先人可能經歷的傷痛，更能獲得祖先助力，帶領我們順利穿越未來的考驗！

大成就者傳奇

——54位密續大師的悟道故事

作者／凱斯·道曼 (Keith Dowman)　譯者／普賢法譯小組
定價500元

★54篇驚奇、趣味且富啟示的故事，不只引人入勝，更能從中學習修行方法。
★西藏圖騰、唐卡佛像巨擘羅伯特·比爾親筆繪製精美插圖。

這些成就者來自各行各業，不乏高貴出身，更有賤民階級，代表整個人類所經驗的範圍。修道過程中，每個看似瘋狂離奇的行徑，皆隱含著純真直爽的心性，精進不懈的修持，以及利益眾生的誓願。

藏傳佛法最受歡迎的聖者

——瘋聖竹巴袞列傳奇生平與道歌

作者／格西札浦根敦仁欽　譯者／凱斯·道曼、普賢法譯小組
定價380元

特別恭錄｜
竹巴傳承精神領袖 嘉旺竹巴法王中文版推薦序

書中沒有值得歌功頌德的高尚情懷，而是藉著竹巴袞列坦情率性的瘋顛行徑，諸如對性所持的正面態度、對寺院組織與僧侶權術所具的反感，以及不受教條規範的瑜伽士生活方式等，向世人解密竹巴袞列的甚深思想，教示眾生反思醒悟，得以出脫世間二元概念，離苦得樂。

法界遍智全知法王——龍欽巴傳

作者／蔣巴·麥堪哲·史都爾 (Jampa Mackenzie Stewart)
譯者／張秀惠 審定／江涵文
定價380元

龍欽巴是一位舉世無雙的老師、實修者和大學者，有著西藏雪域「第二佛陀」的美名。由於他非凡的智慧及禪定的成就，無論是教授或著作，皆消弭了不同傳承之間見解與修道上的矛盾和差異。而本書彙集了十四世紀的西藏和不丹王國中，關於龍欽巴前生後世的多種生平記載，其中包含許多不可思議且具啟發性的故事，蘊藏著非凡的見解和心靈上的洞悉。

個良好的榜樣和模範。父母作為孩子生命中很重要的助緣，對孩子還是有很強大的影響力的。

而且我們也要知道我們的世界都是自己內心的投射，包括我們看到孩子是好還是不好。如果我們內心都是以聖賢之心為己心，以佛菩薩之心為己心，行為都是以聖賢之行為己行，以佛菩薩之行為己行，我們一定會看到一個越來越好的世界，一定會看到兒女越來越好。

◆況汝生於富貴，了未受過艱苦。

何況你生在富貴家，從未受過艱苦。這位居士出生在富貴人家，家境應當是比較不錯的。就像現在很多孩子，也是父母親都已經建立了一定的基業。

◆須知汝之安樂，過上二十年，乃汝父之力之所加被耳。倘汝不立志，汝父在則猶可依靠。然已六十多矣，斷不能照應汝一生。此時不立志，汝父若一去世，汝一事不能為。將有傾家破產，不免饑寒之憂。到此縱能知悔，已經來不及了。

要知道，你的安樂日子能過上二十年是靠你父親的積累。你如果不立志，父親在還可以依靠，但他已經六十多歲了，絕不可能照顧你一輩子。現在不立志，你父親如果一去世，你什麼事也不能做，將會有傾家破產、難免饑寒的憂患。到那時縱然能知道悔悟，已經來不及了。

這位年輕居士的父輩看起來還是比較有福報，給他留下了一些受用，他就像我們現在的官二代、富二代。但是大家一定要明白，我們今天一切的受用都是享福消福，所以要非常地警醒。如果我們自己不好好立志，不好好種種子，福享完了以後就可能會「傾家破產，不免饑寒之憂」。任何人和事都是不能長久依靠的，因為世間的一切都是無常的。我們一定要懂得立志、懂得種福報，這樣未來無論有什麼變化，我們都過得去。如果我們覺得在大樹底下好乘涼，就不好好用功，那麼等福報享盡了以後就要面對痛苦了。這一點印祖說得很清楚，自己一定要好好立志，好好懺罪積資，這是極為重要的。

◆汝宜每日將太上感應篇，文昌陰騭文，關帝覺世真經，日讀三五遍，至少須一遍。亦令汝妻日日讀之。

印祖教導他，立志怎麼立？具體行為怎麼做呢？要兩夫妻一起讀聖賢書。讀什麼聖賢書？印祖推薦《太上感應篇》《關聖帝君覺世真經》《文昌帝君陰騭文》三本書，要每天讀三、五遍，至少要一遍。為什麼？我們人比較健忘，現在的人更健忘，比民國時候的人更健忘，所以讀的遍數應該更多。

◆自可知為人之道理。既知為人之道理，則便可繼汝父之家風。

這三篇並不是大經大論，都是講怎麼做人的道理。我們最大的問題就是人做不好。做人怎麼做？就是按照這三本書去做。既然知道了做人的道理，你就可以繼承你父親的家風。

◆凡一切人皆欽仰汝，以為汝父素好善，故有此令郎。此其榮為何如也。光宗耀祖，成家立業，只在能立志學好而已。豈有甚麼難行難做處。祈詳審思之。

你如果好好做，所有人都會欽佩景仰你，認為是你父親一向好善行，所以有這樣的好孩子。這個榮耀什麼能比呢？既光宗耀祖，又為自己的孩子作了好榜樣。光宗耀祖、成家立業在哪裡？四個字——「立志學好」。第一就是立大志，第二就是學做好人。哪裡有什麼難行難做的地方？請好好想想吧。

這是印祖對一位居士的開示。這篇短文非常實在，沒有一句花言巧語，沒有一句無用的話。我們很多在家居士、道友的志向是非常好的，希望大徹大悟，虹身成就，這當然是非常殊勝的。但是從哪裡開始做起呢？要從這封信開始做起，如果這封信裡的教言都做不到，以後虹身可能很難成就，地獄身可能會成就。

有些道友發心是很大的，但要從這些基礎做起。這封信非常殊勝，希望大家把《太上感應篇》《關聖帝君覺世真經》《文昌帝君陰騭文》一定要作為很重要的功課來學習。不是學過就可以了，而是要做到才可以。如果沒有做到，我們每天還得要好好地讀誦，好好地學習，直到能夠做到為止。這也是印祖的教誨。

思考題

1. 怎樣才是沒有浪費珍寶人身？之前的人生你是怎樣度過的？今後有什麼打算？
2. 如果你是富二代，你要怎麼做？
3. 為什麼要立志？要怎樣立志？你是如何立志的？
4. 行事說話的原則是什麼？
5. 孩子的命運到底是什麼決定的？
6. 作為父母，如何做好孩子的助緣？
7. 印祖推薦了哪三本書？學習這三本書的方法是什麼？

第十八講

◆
◆
◆

教女最為緊迫

第十八講

教女最為緊迫

原文

周之開國，基於三太。而文王之聖，由於胎教。是知世無聖賢之士，由世少聖賢之母之所致也。使其母皆如三太，則其子縱不為王季文王周公。而為非作奸，蓋亦鮮矣。而世人只知愛女，任性憍慣，不知以母儀為教。此吾國之一大不幸也。人少時常近於母，故受其習染最深。今日之人女，即異日之人母。人欲培植家國，當以教女為急務。勿曰此異姓之人，吾何徒受此憂勞哉。須知為天地培植一守分良民，即屬莫大功德。況女能德鎮坤維，其子女必能肖其懿範。榮何如之。況自己子孫之媳，亦人家之女乎。欲家國崛興，非賢母則無有資助矣。世無良母，不但國無良民，家無良子。即佛法中賴佛偷生之蟒流僧，一一皆非好母所生。使其母果賢，斷不至下劣一至於此。惜哉。

（節選自《印光法師文鈔》【增廣卷二・書二】復永嘉某居士書一）

◆周之開國，基於三太。而文王之聖，由於胎教。

印祖說，周朝能夠建國，是因為三位女聖人（太姜、太妊、太姒）的功德。而周文王之所以成為一個聖人，由從在胎中受到良好的胎教。

◆是知世無聖賢之士，由世少聖賢之母之所致也。使其母皆如三太，則其子縱不為王季文王周公。而為非作奸，蓋亦鮮矣。

世上沒有聖賢，是因為缺少聖賢的母親。如果母親都能像「三太」那樣，孩子即使不能成為像王季、文王、周公那樣傑出的聖賢，也極少會為非作歹的。一個人能不能成器，主要的外部條件是看他有沒有賢良的母親。

◆而世人只知愛女，任性憍慣，不知以母儀為教。此吾國之一大不幸也。

可是世人只知道溺愛女兒，放縱驕慣她，卻不知道用為母之道進行教導，這是我們國家的一大不幸啊。

「母儀」是什麼意思？就是為母之道，就是作為母親的儀範，說白了就是怎麼做一位好母親，為自己的孩子作榜樣。「母儀」，古代也指怎麼做皇后，是指作為一國之母的儀範。所以母儀不是一個小學問，而是作為一個女人修身齊家治國平天下的大學問。

教女最重要的是讓她成為一個賢良的人，未來成為一個賢良的母親。這是最重要的。

◆人少時常近於母，故受其習染最深。今日之人女，即異日之人母。人欲培植家國，當以教女為急務。

小孩子從一生下來開始就常常在母親的身邊，所以受到母親的薰陶和影響是最深刻的。現在的女兒就是未來的母親，要想建設好家庭和國家，就應當把教育女兒當做最緊迫的事情。

修身齊家治國平天下從哪裡下手？從教女下手。要家族興旺、國家興旺，首先要聖賢之道興旺。聖賢之道興旺的下手處就在教女，以教女為最緊迫的事情。

◆勿曰此異姓之人，吾何徒受此憂勞哉。須知為天地培植一守分良民，即屬莫大功德。況女能德鎮坤維，其子女必能肖其懿範。榮何如之。況自己子孫之媳，亦人家之女乎。

不要認為女兒以後嫁給別人是外姓人，我何必白費力氣憂心操勞？不能這樣想。要知道，為社會培養一個安分守己的百姓，就是莫大的功德。何況一個女子能夠把女德做好，她的子女一定會向她學習，受到她良好榜樣的正面影響，這是多大的榮耀啊！況且自己子孫的媳婦也是別人家的女兒啊！

◆欲家國崛興，非賢母則無有資助矣。

以前我看過一個紀錄片，研究西方國家為什麼會強大，其實裡面講的都是細微末節，並沒有看到問題的根本。印祖在這裡揭示了家族興旺、國家興旺的根本，就是首先要聖賢之道興旺，而聖賢之道興旺的關鍵就在於世間有賢良的母親。所以我們要想修身齊家治國平天下，要讓家庭興旺、國家興旺，最重要的是要培養賢母。

◆世無良母，不但國無良民，家無良子。即佛法中賴佛偷生之蟒流僧，一一皆非好母所生。使其母果賢，斷不至下劣一至於此。惜哉。

世上沒有賢良的母親，不但國家沒有好百姓，家中沒有好孩子，就連佛法中那些依賴佛而苟且偷生的不好的僧人都不是賢良的母親所生的。假如他的母親果真很賢良，孩子絕對不至於卑劣到如此程度，實在是太可惜了！

印祖講得非常嚴重，沒有賢母，不但國無良民，家無良子，佛法當中也沒有好的僧人。所以一定要從教女下手，才能家國崛興，天下太平。我們現在知道女士任重而道遠了。

◆思考題◆

1. 教女最重要的是什麼？
2. 印祖所言「家國崛興」，最重要的是什麼？

第十九講

◆◆◆

女學的重要性

第十九講

女學的重要性

原文

是知世有賢母，方有賢人。古昔聖母，從事胎教，蓋鈞陶於稟質之初，而必期其習與性成也。世以太太稱女人者，蓋以太姜太任太姒三聖女，各能相夫教子，以開八百年之王業者，用稱其人焉。光常謂治國平天下之權，女人家操得一大半。又嘗謂教女為齊家治國之本者，蓋指克盡婦道，相夫教子而言也。無如今之女流，多皆不守本分。妄欲攬政權，做大事，不知從家庭培植。正所謂聚萬國九州之鐵，也鑄不成此一個大錯。以故世道人心，愈趨愈下。天災人禍，頻頻見告。雖屬眾生同分惡業所感，實由家庭失教所致。以故有天姿者，習為狂妄。無天姿者，狎於頑民。使各得賢母以鈞陶之，則人人皆可為善士。窮則獨善，達則兼善。夫何至上無道揆，下無法守，弊竇百出，民不聊生乎哉。

（節選自《印光法師文鈔》【增廣卷四．雜著】江母郭太夫人西歸事略發隱）

這一段印祖殷殷開示女學的重要性。

◆是知世有賢母，方有賢人。古昔聖母，從事胎教，蓋鈞陶於稟質之初，而必期其習與性成也。

這裡面印祖說得非常清楚，世間有賢良的母親才會有賢良的孩子，才會有聖人賢人。「古昔聖母，從事胎教」，為什麼古時聖賢的母親要從事胎教？「蓋鈞陶於稟質之初」，「鈞陶」，就是造就的意思。我們造就一個人才，從哪裡開始？從「稟質之初」開始。「稟質之初」，就是剛剛孕育入胎的時候。母親要從懷孕開始就給胎兒薰陶，就是從稟質之初就開始造就人才了，不斷地熏習這些聖賢之道，孩子未來就可以成為聖賢。

◆世以太太稱女人者，蓋以太姜太任太姒三聖女，各能相夫教子，以開八百年之王業者，用稱其人焉。

世人之所以用「太太」稱呼女人，是因為周朝時期的太姜、太任、太姒三位聖女，她們都能相夫教子。周朝之所以能夠開創八百年王業的原因，在於啟用了稱職的人。太姜是古公亶父的太太、皇后，太任是王季的皇后，太姒是周文王的皇后。這三位女聖賢生下了三代聖賢，開創了周朝八百年的基業。

◆光常謂治國平天下之權，女人家操得一大半。又嘗謂教女為齊家治國之本者，蓋指克盡婦道，相夫教子而言也。

印祖常常說，治國平天下的權力，有一大半操在女人手中。又曾說，教育女兒是齊家治國的根本，都是針對女人應盡的本分——嚴守婦道、輔助丈夫、教育子女而言的。大勢至菩薩的化身印光大師說得非常清楚：「治國平天下之權，女人家操得一大半。」你看，印光大師說的是一大半，不是一半，所以女人比男人更重要。所以齊家治國平天下的根本在哪裡？在於教女。為什麼我說「女學」是我們中華傳統文化根本中的根本？就是這個道理。如果沒有女學，不懂得如何教女，就沒辦法修身齊家治國平天下。

教女怎麼教？就是一定要讓女子懂得「克盡婦道，相夫教子」。

◆無如今之女流，多皆不守本分。妄欲攬政權，做大事，不知從家庭培植。正所謂聚萬國九州之鐵，也鑄不成此一個大錯。以故世道人心，愈趨愈下。天災人禍，頻頻見告。

不像現在的女子們大多不守本分，都在妄想著手握政權，做一番轟轟烈烈的大事，卻不知道女人應從治理好一個家庭開始。正所謂把天下的鐵都聚合在一起，也鑄造不成這樣一個大錯。

這裡印祖痛心疾首地講道，我們當今的女子，大都不守本分，沒有做好自己應該做的事情。「妄欲攬政權，做大事。」就像現在，很多女人都把自己的職責定位在所謂的事業上，但卻忽略了做母親的本分，而家庭就沒有了根本，當然家庭就亂了；家庭亂了，國家就沒有了根本，國家就會亂，世道人心也就愈趨愈下。為什麼？因為賢良的母親都沒有了，所以賢良的孩子也都沒有了，天災人禍就頻頻發生了。

◆雖屬眾生同分惡業所感，實由家庭失教所致。

雖然天災人禍都是眾生共同的惡業所感召的，但是從因緣來看，也是因為「家庭失教所致」。為什麼家庭教育會失敗？就是因為沒有賢良的母親。為什麼沒有賢良的母親？因為沒有賢良的女子。

◆以故有天姿者，習為狂妄。無天姿者，狎於頑民。

因為沒有賢良的母親，所以有點天姿的孩子就非常狂妄，沒有天姿的孩子就非常頑劣。這是非常嚴重的，但我們現在確確實實是這樣。

◆使各得賢母以鈞陶之，則人人皆可為善士。窮則獨善，達則兼善。夫何至上無道揆，下無法守，弊竇百出，民不聊生乎哉。

印祖說得很清楚，如果能得到賢良母親的教育，則每個人都可以成為有德之人，處境惡劣時修養自身，得志通達時造福天下，又如何會造成「上無道揆，下無法守，弊竇百出，民不聊生乎哉」？

「上無道揆，下無法守」，這是孟子的話，就是一切的法度都沒有了。「道」，就是義理的意思；「揆」，就是法度的意思，就是以義理度量事物。如果任何事情標準都沒有了，法度都沒有了，就會「弊竇百出」。「弊竇」，就是弊端，各種各樣的毛病就出來了，民不聊生。

這裡就講到女學的重要性。女子是非常重要的，可以說是我們整個家國天下根本中的根本。女子的出息決定了家國天下的出息，女子的良莠決定了家國天下的興亡，女子不賢會導致家國天下的敗落。

我們所有的女士要發大心、立大志，要成為聖賢，希望全靠你們了。

◆思考題◆

1. 周朝為什麼開創了八百年的天下？妻子為何被稱為「太太」？

2. 為什麼說「治國平天下之權，女人家操得一大半」？是指女人家要「攬政做大事」嗎？該如何理解此話深意？

第二十講

◆◆◆

求子之道

第二十講

求子之道

原文

求子之道，人多背馳。汝欲得身體龐厚，性情賢善，福慧壽三通皆具足之子，須依我說，方可遂心。世人無子，多娶妾媵，常服壯陽之藥，常行房事，此乃速死之道，非求子之方也。幸而得子，亦如以秕稻種之，或不出，或出亦難成熟。第一要斷房事，或半年，至少或百日，愈久愈好。當與婦說明，彼此均存此念，另屋居住。若無多屋，決須另床。平時絕不以妻作妻想，當作姊妹想，不敢起一念之邪念。待身養足後，待婦月經淨後，須天氣清明，日期吉祥，夜一行之，必得受孕。從此永斷房事，直到生子過百日後，或可再行。

婦受孕後，行一次房，胞厚一次，胎毒重一次。且或因子宮常開，致易墮胎。此種忌諱，人多不知。縱有知者，亦不肯依。故致或不生，或不成，或孱弱短命。不知自己不善用心，反說命不好，反將行房當常事，日日行之，不死就算大幸。

又要心存慈善，利人利物。利人利物，不一定要錢，存好心，說好話[1]，行好事。凡無利益之心之話之事，均不存不說不行。滿腔都是太和元氣，生機勃勃。

又須志誠念南無觀世音菩薩（就依此念），愈多愈好。早晚禮拜念若干，此外行住坐臥都好念。睡倒[2]雖好念，也要心存恭敬。宜穿衫褲，不可赤體。宜默念，不宜出聲。默念若字多難念，可去南無二字，但念觀世音菩薩五字。白衣咒，念也好，不念也無礙。

汝如是存心行事念。亦令汝婦也如是存心行事念。及至臨產還念。臨產不可默念，要出聲念。旁邊照應的人，須大聲幫他念。管保了無苦痛難產之事。臨產默念不得，以用力送子出，默念或受氣病。

女人一受孕，不可生氣，生大氣則墮胎。兼以乖戾之氣，過之於子，子之性情，當成兇惡。又餵兒奶時，必須心氣和平。若生大氣，奶則成毒。重則即死，輕則半日一日死，決無不死者。小氣毒小，雖不死，也須生病。以故愛生氣之女人的兒女，死的多，

1 此字在《印光大師全集》（一九九一年．佛教出版社．繁體版）裡為「說」，《印光法師文鈔》（二〇一六年．巴蜀書社．簡體版）為「話」。根據上下文意思，可能為「話」。

2 此字在《印光大師全集》（一九九一年．佛教出版社．繁體版）裡為「到」，《印光法師文鈔》（二〇一六年．巴蜀書社．簡體版）為「倒」。根據上下文意思，可能為「倒」。

病的多。自己餵，雇奶母餵，都是一樣。生了大氣，萬不可餵兒奶，須當下就要放下。令心平氣和，過半天再餵。餵時先把奶擠半茶碗倒了。奶頭揩過再餵，就無禍殃。若心中還是氣烘烘的，就是一天也餵不得。餵則不死，也須大病。此事古今醫書均未發明。近以閱歷方知其禍。

女子從小就要學柔和謙遜，後來生子，必易，必善，必不死，必不病。凡兒女小時死病，多一半是其母生氣之故，少一半是自己命該早死。天下古今由毒乳所殺兒女，不知有幾恒河沙數，可不哀哉。

（節選自《印光法師文鈔》【三編卷上．書】復張德田居士書）

前面講了怎麼求夫、求妻，又講了「三太」的榜樣和案例，以及女學的重要。下面我們要講求子之道。

如何求子呢？印祖非常慈悲，雖然他是出家人，但是什麼細碎的事情他都管，從解脫成佛到怎麼求子、怎麼生子……實在是慈悲之極，確確實實就像我們的老父親一樣，給我們這些孩子諄諄教誨。

◆求子之道，人多背馳。

求子，我們很多人都背道而馳，行事相反了。

◆汝欲得身體龐厚，性情賢善，福慧壽三通皆具足之子，須依我說，方可遂心。

印祖說：你想求一個身體非常棒、性格非常賢善、既有福報又有智慧還長壽的孩子，就一定要聽我的話，你才能夠稱心如意，才能有這樣的孩子。

◆世人無子，多娶妾媵，常服壯陽之藥，常行房事，此乃速死之道，非求子之方也。

我們世間的人想求子，自己老婆生不出，就要娶妾，就像我們現代人要找一個二奶之類的，而且「常服壯陽之藥，常行房事」。這是什麼？「速死之道」。你不但不會有子，而且自己也會死得很快。

◆幸而得子，亦如以秕稻種之，或不出，或出亦難成熟。

僥倖得了孩子，卻也像子粒不飽滿、沒有力量的秕稻種子，播種後或不出，或出了也難以成熟。所以我們要想求子，就不能多行房事，不能服壯陽藥，這一點要非常清楚。

求子應該怎麼求呢？

◆第一要斷房事，或半年，至少或百日，愈久愈好。當與婦說明，彼此均存此念，另屋居住。若無多屋，決須另床。平時絕不以妻作妻想，當作姊妹想，不敢起一念之邪念。待身養足後，待婦月經淨後，須天氣清明，日期吉祥，夜一行之，必得受孕。從此永斷房事，直到生子過百日後，或可再行。

第一要斷房事，時間半年，至少也要一百天，愈久愈好。應當與妻子說明白，彼此都有這種想法，分屋居住。如果沒有多一間屋子，則必須分床，平時絕不以妻子作妻子想，要當做姐妹想，不敢產生一絲邪念。等到身體養好，並且妻子月經也乾淨了，就選擇天氣清明、日期吉祥那一天，晚上行一次房事，必得受孕。從此停止房事，直到孩子出生過了百天後，才可再行房事。

印祖真的是太慈悲了，對在家居士的關懷無微不至，作為一個出家人，這些事情他都這樣教誨我們。

◆婦受孕後，行一次房，胞厚一次，胎毒重一次。且或因子宮常開，致易墮胎。此種忌諱，人多不知。縱有知者，亦不肯依。故致或不生，或不成，或孱弱短命。不知自己不善用心，反說命不好，反將行房當常事，日日行之，不死就算大幸。

如果太太已經懷孕了，那就不能再行房了。不然的話，就會非常麻煩，行一次房，胎胞厚一次，胎毒重一次。因為子宮常開，容易引起流產。這種忌諱，很多人都不知道，縱然有知道的，也不肯照做，以致引起要麼難產，要麼生下來也是死的，要麼孩子非常孱弱短命。遭遇這樣厄運的人們不知道是自己不善用心，反而說是命不好。把行房當成常事，天天都做，不死就算大幸了。

印祖說得非常清楚，夫妻房事一定要節制，而且懷孕了以後就不能再行房事。印祖是大勢至菩薩的化身，雖然是出家人，但是無所不知。

◆又要心存慈善，利人利物。利人利物，不一定要錢，存好心，說好話，行好事。凡無利益之心之話之事，均不存不說不行。滿腔都是太和元氣，生機勃勃。

懷孕了以後，夫婦都不能夠生氣，不能夠生貪嗔癡。一定要「心存慈善，利人利物」。利人利物不一定要有錢，有錢當然更好了，如果沒有錢也沒關係，只要存好心、說好話、做好事。凡是沒有利益的心，一概不存；沒有利益的話，一概不說；沒有利益的事，一概不行。「滿腔都是太和元氣」，就是你要一團和氣，心裡面要歡歡喜喜的，不能夠有任何的貪嗔癡，內心當中要「生機勃勃」才行。

◆又須志誠念南無觀世音菩薩（就依此念），愈多愈好。早晚禮拜念若干。

每天早上晚上都要恭敬禮拜、虔誠祈禱觀世音菩薩。懷孕了之後也要禮拜，不是說懷孕了以後就不能禮拜了。禮拜三寶會消業障，對孩子、對大人都很好。

◆此外行住坐臥都好念。睡倒雖好念，也要心存恭敬。宜穿衫褲，不可赤體。宜默念，不宜出聲。默念若字多難念，可去南無二字，但念觀世音菩薩五字。白衣咒，念也好，不念也無礙。

此外，行、住、坐、臥都好好念「南無觀世音菩薩」。睡覺時雖然也可以念，但要心存恭敬。宜穿衫褲，不可裸體。睡時宜默念，不宜出聲。默念若字多難念，可去「南無」二字，只念「觀世音菩薩」五字。白衣大士神咒，念也好，不念也不妨礙。

這些非常細微的地方，印祖幫我們在家居士都考慮到了，一方面從自己的角度來講要「心存慈善」，「存好心，說好話，行好事」；另外一方面要靠他力，祈求觀世音菩薩的加持，每天要禮拜和至誠懇切地念誦「南無觀世音菩薩」的聖號。

◆汝如是存心行事念。亦令汝婦也如是存心行事念。

你跟你的太太都應該這樣存好心、說好話、做好事，禮拜、念誦觀世音菩薩。

◆及至臨產還念。臨產不可默念，要出聲念。旁邊照應的人，須大聲幫他念。管保了無苦痛難產之事。臨產默念不得，以用力送子出，默念或受氣病。

一直到臨產還念。臨產時不可默念，要出聲念，旁邊照應的人必須大聲幫她念，保管無苦痛難產之事。

印祖說，在臨產的時候，如果能夠念誦觀世音菩薩聖號，就沒有痛苦，不會難產。但是臨產時不能默念，要念出聲來。因為用力送孩子出來，默念也許會因氣閉而生病。

◆女人一受孕，不可生氣，生大氣則墮胎。兼以乖戾之氣，過之於子，子之性情，當成兇惡。

女人懷孕了以後，絕對不能夠生氣。前面說了，要「滿腔都是太和元氣」才行。如果生大氣的話，就會流產。即使沒有造成流產，你內心當中的這種不好的、乖薄違戾的情緒就會傳給孩子，以後你的孩子就會變成一個兇惡的人。

◆又餵兒奶時，必須心氣和平。若生大氣，奶則成毒。重則即死，輕則半日一日死，決無不死者。小氣毒小，雖不死，也須生病。以故愛生氣之女人的兒女，死的多，病的多。自己餵，雇奶母餵，都是一樣。生了大氣，萬不可餵兒奶，須當下就要放下。令心平氣和，過半天再餵。餵時先把奶擠半茶碗倒了。乳頭揩過再餵，就無禍殃。

給孩子餵奶的時候，一定要心平氣和。如果生氣的話，奶就有毒了，因為你內心當中有毒。嗔恨心就是毒，如果你內心當中有嗔恨心，你的身體從頭到腳都會有毒，你的奶也會有毒。如果你生大氣，嗔恨心特別強，孩子吃了你的奶，嚴重的會馬上死；比較輕的少則半日，多則一日，也肯定會死。如果不是生大氣，是生小氣，也有毒，雖然不死也會生病。所以愛生氣的女人，她的孩子就會死的多、病的多。

不管是你自己餵奶，還是雇個保母餵奶，都是一樣的，都不能生氣。生了大氣，千萬不可餵奶，必須馬上停止生氣，放下一切，心平氣和，然後過半天再餵奶。餵奶時先把奶擠出半茶碗，倒了，乳頭擦過再餵，因為之前的已經有毒了，所以必須要清理乾淨了以後再餵。

印祖他本身是個出家人，從小就出家，如果不是菩薩化身，怎麼會知道這麼多？所以菩薩的功德是不可思議的，菩薩的智慧是不可思議的。

◆若心中還是氣烘烘的，就是一天也餵不得。餵則不死，也須大病。此事古今醫書均未發明。近以閱歷方知其禍。

這是非常有道理的。就像《生命的答案，水知道》裡面講的一樣，我們對水發出了一個意念，水就會產生變化，我們內心當中的七情六欲一定會讓我們的水分子都發生變化，當然乳汁也會發生變化。如果一邊餵奶一邊念誦「嗡嘛呢巴美吽」「南無妙法蓮華經」「南無阿彌陀佛」「南無觀世音菩薩」，你的孩子吃了以後，一定會很好；但是你如果氣烘烘的，孩子吃了你的奶不死也會大病，所以，就算一天也餵不得。這件事古今的醫書都沒有闡述說明，因為近年來這種事情見聞多了，才知道其中的禍害。

◆女子從小就要學柔和謙遜，後來生子，必易，必善，必不死，必不病。

為什麼有些小孩子特別容易生病？三天兩頭生病？因為他的媽媽從小沒有學習「柔

和謙遜」。柔和謙遜的女子不容易生氣發脾氣，柔和謙遜的女子才有福報，所以她生孩子就「必易，必善，必不死，必不病」，就是說孩子很容易得到、很容易養，而且孩子很善良，不會夭折，也不會病。

◆凡兒女小時死病，多一半是其母生氣之故，少一半是自己命該早死。天下古今由毒乳所殺兒女，不知有幾恒河沙數，可不哀哉。

凡是兒女夭折生病，多半是他們的母親生氣的緣故，少半是自己命該早死。這個孩子本身雖有他自己業力的關係，但是母親是他業力成熟的重要條件。

從古至今，被毒母乳所殺害的孩子，不知道有幾恒河沙數了，實在是可悲啊！這個一定要非常小心，大家一定要記住這一點，求子、養子，不是那麼容易的。我們現在的孩子真的是病特別多，從小健健康康的、不生病的孩子非常少，都是因為這些原因。

思考題

1. 世間人求子和印祖教授的求子方法有什麼不同？你會選擇哪種？為什麼？

2. 懷孕以後夫妻雙方哪些行為是對胎兒有利？哪些行為對胎兒有害？你會怎麼做？

3. 作為母親，哺乳的時候最忌諱什麼？如何避免？你認為哺乳的時候做什麼對嬰兒有利？

4. 學習本文內容，你認為優生優育的關鍵是什麼？如何才能落實？

第二十一講

◆◆◆

求子三要

第二十一講

求子三要

原文

求子三要

第一保身節欲，以培先天。第二敦倫積德，以立福基。第三胎幼善教，以免隨流。此三要事，務期實行。再以至誠，禮念觀世音，求賜福德智慧光宗華國之子，必能所求如願，不負聖恩矣。

第一保身節欲，以培先天者。若不節欲，則精氣薄弱，必難受孕。即或受孕，必難成人。即或成人，以先天不足，決定孱弱。既無強健勇壯之身力，亦無聰敏記憶之心力，未老先衰，無所樹立。如是求子，縱菩薩滿人之願，人實深負菩薩之恩矣。

第二敦倫積德，以立福基者。欲生福德智慧光宗華國之子，必須敦倫盡分，孝親敬長，善待眷屬，愍恤僕使，此行之家庭者。至於鄉黨親朋，俱宜和睦勸導。俾老者善教兒女，幼者善事親長。常以敦倫盡分，閑邪存誠，諸惡莫作，眾善奉行，戒殺護生，吃素念佛，願生西方，永出苦輪。普為同人，懇切演說，令培出世之勝因，咸作守道之良民。能如是者，一舉一動，悉益自他，一言一行，堪為模範。所生之子，必能超群拔萃，大有樹立。菩薩固能滿人之願，人亦可慰菩薩之心矣。

第三胎幼善教，以免隨流者。古昔聖人，皆由賢父母之善教而成，況凡人乎。若求子者，肯用胎教之法，其子必定賢善。從受孕後，其形容必須端莊誠靜，其語言必須忠厚和平，其行事必須孝友恭順。行住坐臥，常念觀音聖號。無論出聲念，默念，皆須攝耳而聽，聽則心歸於一，功德更大。若衣冠整齊，手口洗漱，出聲念，默念，均可。若未洗漱，及至不潔淨處，並睡眠時，均須默念。默念功德一樣，出聲於儀式不合。若至臨產，不可默念。以臨產用力送子出，若開口念，必受氣窒之病。產婦自念，家屬皆為助念，決定不會難產，亦無產後各種危險。果能如此謹身口意，虔念觀音，俾胎兒稟此淳善正氣，則其生也，定非凡品。及兒初開知識，即與彼說因果報應，利人利物者必昌，害人害物者必亡。須知利人利物，乃真利己。害人害物，甚於害己。作善必得善報，作惡必得惡報。及說做人，必須遵行孝弟忠信禮義廉恥之八德，方可不愧為人。否則形雖為人，心同禽獸矣。不許說謊、不許撒顛、不許拿人什物、不許打人罵人、不許遭踐蟲蟻、字紙、五穀、東西。舉動行為，必期於親於己有益，於人於物無損。又須令其常念觀音聖號，以期消除惡業，增長善根。幼時習慣，大必淳篤，不至矜己慢人，成狂妄之流類。

如此善教，於祖宗則為大孝，於兒女則為大慈，於國家社會則為大忠。余常謂治國平天下之權，女人家操得一大半者，其在斯乎。其懿德堪追周之三太，庶不負稱為太太云。願求子者，咸取法焉，則家國幸甚。

附記禁忌，免致禍害。凡求子者，必須夫婦訂約，斷欲半年，以培子之先天。待婦天癸盡後一交，必定受孕。天癸未盡，切不可交，交必停經，致成帶病，頗有危險。又須吉日良夜，天氣清明。大風大雨，雷電震閃，亟宜切戒。

（節選自《印光法師文鈔》【續編卷下，雜著】禮念觀世音菩薩求子疏）

前面講了求子之道，下面來看印祖的另外一段開示——求子三要。

◆求子三要

第一保身節欲，以培先天。第二敦倫積德，以立福基。第三胎幼善教，以免隨流。此三要事，務期實行。再以至誠，禮念觀世音，求賜福德智慧光宗華國之子，必能所求如願，不負聖恩矣。

這是講自力他力結合。

第一，節制性欲，保養身體，為胎兒培育好先天條件；第二，敦倫盡分，積累功德，為孩子立好福基；第三，做好胎教和幼教，以免孩子長大後心無正見，隨波逐流。自己要按照這三條去做，此乃自力；然後禮拜、虔誠念誦觀世音菩薩，求賜福德智慧、光宗耀祖的孩子，此乃他力。這樣的話，一定可以滿願，不辜負菩薩聖恩。

下面詳細解釋這三個要點：

◆第一保身節欲，以培先天者。若不節欲，則精氣薄弱，必難受孕。即或受孕，必難成人。即或成人，以先天不足，決定孱弱。既無強健勇壯之身力，亦無聰敏記憶之心力，未老先衰，無所樹立。如是求子，縱菩薩滿人之願，人實深負菩薩之恩矣。

「保身節欲」，就是在懷孕之前，夫婦之間必須百日乃至半年不能同床，前面在「求子之道」裡面已經講過這方面的內容。如果縱欲，則精氣既薄又弱，就會很難受孕，即使受孕也很難成人。乃至成人，因先天不足，必定身體孱弱，既沒有強健勇壯的體魄，也沒有聰敏記憶的心力，未老先衰，無所作為。這樣求子，縱然觀音菩薩滿你所願，你卻實在是太辜負菩薩的深恩大德。

所以第一必須要節制自己的欲望，為孕育胎兒準備好先天條件。

◆第二敦倫積德，以立福基者。欲生福德智慧光宗華國之子，必須敦倫盡分，孝親敬長，善待眷屬，愍恤僕使，此行之家庭者。至於鄉黨親朋，俱宜和睦勸導。俾老者善教兒女，幼者善事親長。常以敦倫盡分，閑邪存誠，諸惡莫作，眾善奉行，戒殺護生，吃素念佛，願生西方，永出苦輪。普為同人，懇切演說，令培出世之勝因，咸作守道之良民。能如是者，一舉一動，悉益自他，一言一行，堪為模範。所生之子，必能超群拔萃，大有樹立。菩薩固能滿人之願，人亦可慰菩薩之心矣。

「敦倫積德，以立福基」，就是一定要積陰德，建立福報的基礎。

我們要求一個福德智慧具足、光宗耀祖的孩子，必須要把五倫做好，父子有親、君臣有義、夫婦有別、長幼有序、朋友有信。要孝順雙親，恭敬長輩，善待一切眷屬，憐憫體諒僕人，這些要在家庭裡面好好地力行，然後推廣到「鄉黨親朋」，對親戚朋友、街坊鄰居，都應當和睦相處，隨緣勸化。讓老者都能夠善教兒女，幼者都能夠善事親人、長輩。

「敦倫盡分」，我們前面已經說了，就是力行五倫之道，盡本分、負責任。「閑邪」，就是去除內心的負面因素，要經常把「閑邪存誠，諸惡莫作，眾善奉行，戒殺護生，吃素念佛，願生西方極樂世界，永出輪迴苦海」的道理，普遍為一切大眾懇切演說，培植出世勝因，讓大家都成為遵守道德規範的良民。這是自利利他，自己好好地做，再去勸別人。

如果能夠這樣的話，一舉一動都利己利人，一言一行都堪為別人的模範。所生子女，必能超群拔萃，大有作為。觀音菩薩固然是能夠滿我們所願的，而我們教養出德才兼備的優秀子女，也可安慰菩薩慈佑眾生的苦心了。

◆第三胎幼善教，以免隨流者。古昔聖人，皆由賢父母之善教而成，況凡人乎。若求子者，肯用胎教之法，其子必定賢善。

教育子女一定要從胎教開始。古代的聖人都是由於智慧賢明的父母善於教育而成就的，更何況凡夫俗子，不致力於善教怎麼行呢？如果求子女，肯用正確的胎教方法，子女日後必定賢明善良。

◆從受孕後，其形容必須端莊誠靜，其語言必須忠厚和平，其行事必須孝友恭順。

懷孕了以後，母親舉止容貌一定要端莊誠靜，不能夠輕佻。我們現在很多人都是不端莊、不誠靜，都很好動。當然你好動也可以，但自己要想明白，你孩子以後比你更好動，你會生個過動的孩子。你如果希望孩子是非常安靜的，那你就要從現在開始非常安靜。語言一定要忠厚和平，不能夠有妄語、綺語、兩舌、惡口；而行為一定要孝敬父母，友愛兄弟姐妹，恭順師長，尊重先生。

◆行住坐臥，常念觀音聖號。無論出聲念，默念，皆須攝耳而聽，聽則心歸於一，功德更大。

日常行、住、坐、臥中，都要多念觀音聖號、觀音心咒。無論出聲念還是默念，要攝耳諦聽，就是自己念自己聽，這樣心就歸於一，功德更大。不能夠口是心非，不能一邊看電視一邊念，一定要一心專注地念。

◆若衣冠整齊，手口洗漱，出聲念，默念，均可。若未洗漱，及至不潔淨處，並睡眠時，均須默念。默念功德一樣，出聲於儀式不合。若至臨產，不可默念。以臨產用力送子出，若閉口念，必受氣窒之病。產婦自念，家屬皆為助念，決定不會難產，亦無產後各種危險。

如果衣冠整齊，手口都已洗漱乾淨，出聲念、默念都可以。如果沒有洗漱乾淨，或在不潔淨的地方，或睡覺時，都要默念，這樣的時候出聲念不合儀式，默念功德一樣。臨產的時候，不可以默念，因為臨產要用力氣送出胎兒，閉口默念可能導致閉氣生病。此時不僅產婦自己要念，家屬都要為她助念，這樣肯定不會有難產，也不會有產後的各種危險。

◆果能如此謹身口意，虔念觀音，俾胎兒稟此淳善正氣，則其生也，定非凡品。

果真能如此謹慎自己的身口意，再加上虔誠念觀音菩薩，使胎兒秉承此淳善正氣，那麼生下的孩子，肯定不是平凡之輩，會生出個菩薩。

一定要謹言慎行，特別是一定要看住自己的心，這個非常重要。因為母親的心跟孩子的心關係太大了，母親的喜、怒、哀、樂都會影響孩子。

前面印祖也講了，你一生氣，你的乳汁都會有毒，所以一定要看住自己的心，時時刻刻保持覺知、保持善念、保持菩提心，這非常重要。如果我們每天心中都是貪嗔癡，孩子以後的貪嗔癡會比你更厲害。

還有一點就是不能亂看電視、電影，不能亂聽音樂。如果我們聽的都是靡靡之音，看的都是殺盜淫妄的東西，那麼未來這個孩子肯定就會有很大的問題。所以一定要多讀聖賢書，多讀殊勝的佛經，這樣就會越來越好，這一點也是非常重要。

以前的「三太」在胎教的時候，都是「非禮勿聽、非禮勿視、非禮勿行、非禮勿言」，不符合禮儀的、不符合聖賢之道的，一概不聽、不看、不做、不說；符合聖賢之道的才去看，才去聽，才去做，才去說。乃至食物割得不方正的都不吃，為什麼？因為要時時刻刻、在細微之處都提醒自己保持心正，所以環境也要非常好。母親的心如果正，胎兒的心就會受到正的影響，未來就會有聖賢的氣象。

◆及兒初開知識，即與彼說因果報應，利人利物者必昌，害人害物者必亡。須知利人利物，乃真利己。害人害物，甚於害己。作善必得善報，作惡必得惡報。

等到小孩子有點明白事理的時候，就應該給他講因果的道理，讓他知道利人利物一定會昌盛，害人害物一定會滅亡。只有利人利物，才能真正利益自己；如果害人害物，其實更甚過於害自己。為什麼？因為你不但害了自己，還害了別人。所以一定要讓孩子從小懂得善有善報、惡有惡報，從小建立因果正信是至關重要的。

◆及說做人，必須遵行孝弟忠信禮義廉恥之八德，方可不愧為人。否則形雖為人，心同禽獸矣。

我們要瞭解「孝、悌、忠、信、禮、義、廉、恥」這八德。在這裡我再推薦大家，胎教的時候，一定要好好地學《孝經》《弟子規》，而且要深入細緻地學，不但要明白，而且要真正地精通、做到。這樣的話，孩子會非常好。否則如果孩子沒有德行，沒有賢良的人格，雖樣子是人，心卻同禽獸一般。

◆不許說謊、不許撒顛、不許拿人什物、不許打人罵人、不許遭踐蟲蟻、字紙、五穀、東西。舉動行為，必期於親於己有益，於人於物無損。

教育孩子一定要嚴格規範他的言行，引導他棄惡從善。不許他說謊，不許無理取鬧，不許偷東西，不許打人、罵人，不許傷害動物乃至於蚊蟲螞蟻，不許遭踐字紙、五穀乃至任何東西。做任何的事情，必須要想著對親人、對自己有好處，對別人、對動物、東西都沒有損害，這樣才可以。

◆又須令其常念觀音聖號，以期消除惡業。增長善根。

要讓孩子常念觀音聖號、觀音心咒，包括文殊心咒、金剛薩埵心咒，都非常好，可以消除宿世惡業，增長他的福德、善根。

◆幼時習慣，大必淳篤，不至矜己慢人，成狂妄之流類。

小時候養成這些好的習慣，長大後必定變成淳厚的人、篤行的人，小時候讓他學會謙卑，長大就不至於驕傲自滿，目中無人，成狂妄之徒。一定要讓孩子做踏踏實實力行聖賢之道的人，而不是浮華之流。

◆如此善教，於祖宗則為大孝，於兒女則為大慈，於國家社會則為大忠。余常謂治國平天下之權，女人家操得一大半者，其在斯乎。

如果你這樣教孩子，對祖宗來說，這就是大孝，因為你培養出了一個賢良的後代；對兒女來說，你是大慈，因為你給了孩子真正的幸福和安樂；對於國家社會來說，你就是大忠，因為你為國家、社會培養了一個很好的人才。

印祖常說，修身齊家治國平天下的大權，女人家操得一大半。為什麼？就是因為這個原因。

◆其懿德堪追周之三太，庶不負稱為太太云。願求子者，咸取法焉，則家國幸甚。

女人求子教子，如果能夠像這樣去做的話，其德行就可以堪比周朝的三太，不辜負「太太」這個尊貴的稱號。希望求子的人都能如此效法去做，這樣的話，對家庭、對國家都是最大的幸事。

◆附記禁忌，免致禍害。

以下附錄一些禁忌之事，以防止禍害。哪些是忌諱之事？

◆凡求子者，必須夫婦訂約，斷欲半年，以培子之先天。

首先我們求子的話，夫妻之間必須要在半年之內斷欲，為孩子培好先天條件。

◆待婦天癸盡後一交，必定受孕。天癸未盡，切不可交，交必停經，致成帶病，頗有危險。又須吉日良夜，天氣清明。大風大雨，雷電震閃，亟宜切戒。

「天癸」，就是月經。待婦人月經乾淨後同房一次，必定受孕。月經未乾淨，切不可同房，否則停經，導致婦科疾病，很危險。同房一定要選擇天氣晴朗的良辰吉日，要避開大風大雨、雷鳴電閃的日子。不好的日子同房，就會減損壽命、耗損福報；如果是好日子受孕，未來就可以生下有福德智慧的孩子。

◆思考題◆

1. 印祖所提到的「求子三要」是什麼？
2. 保身節欲對求子有何好處？
3. 敦倫積德須在哪些方面入手？
4. 如何做好胎教？
5. 孩子出生稍懂人事後，應該對他進行哪些方面的教育？
6. 發心求子時，應注意哪些禁忌？

第二十二講

保胎與生產

第二十二講

保胎與生產

原文

又云，保胎以絕欲為第一義。故保產心法，首戒交媾。文云，婦一有孕之後，切戒交媾。所以昔人有孕，即居另室，不與共寢，恐動欲念也。大抵三月以前犯之，則欲念起而子宮復開，多有漏下胎動諸患。三月以後犯之，則胞衣厚而難產。要知欲火傷胎，必致污濁凝積。且兒身白濁，痘毒，瘡疾，醫治難痊，俱因父母不慎也。此初受胎一大關係也。果能識得受胎與臨產之關係，則凡有所生，自無墮胎及難產等患。而所生兒女，咸皆姿質龐厚，性情溫良。既少痘疹等毒，又復長壽康健。人果預知此義，則必致身心安樂，子孫賢善，丕振家聲，有益社會。所謂治病於未病之先，即含致治於未亂，保邦於未危種種勝益。

（節選自《印光法師文鈔》【續編卷下・序】重印達生福幼二編序）

這一段是講保胎的問題。

◆又云，保胎以絕欲為第一義。故保產心法，首戒交媾。文云，婦一有孕之後，切戒交媾。所以昔人有孕，即居另室，不與共寢，恐動欲念也。大抵三月以前犯之，則欲念起而子宮復開，多有漏下胎動諸患。三月以後犯之，則胞衣厚而難產。

太太懷孕了以後，一定要絕欲，斷除性行為。保護胎兒順利生產的心要之法，首先就是要戒除夫妻房事——婦人在有身孕之後，切記要戒除房事。因此，古人在懷孕後，夫妻會分室而睡，就是防止產生情欲的念頭。懷孕後，基本上前三個月，如果夫妻行房，就會導致淫欲心起而子宮張開，往往會有下漏或者流產等病症。三個月以後，如果夫妻有房事，就會導致胎盤變厚而難產。

◆要知欲火傷胎，必致污濁凝積。且兒身白濁，痘毒，瘡疾，醫治難痊，俱因父母不慎也。此初受胎一大關係也。果能識得受胎與臨產之關係，則凡有所生，自無墮胎及難產等患。而所生兒女，咸皆姿質龐厚，性情溫良。既少痘疹等毒，又復長壽康健。人果預知此義，則必致身心安樂，子孫賢善，丕振家聲，有益社會。所謂治病於未病之先，即含致治於未亂，保邦於未危種種勝益。

總之一點，懷孕了以後就絕對不能夠有任何的性行為，這對孩子非常重要。要知道淫心起則傷害胎兒，必定會使子宮中污濁骯髒的東西凝聚、鬱積，胎兒將來會出現白濁、痘毒、瘡疾，難以治癒。這都是因為父母不知道懷孕時戒除房事所致。這是最初受孕時的一大關鍵處。如果懂得懷孕的禁忌是與順利生產有密切關係的，那麼自然不會遇到流產以及難產等問題，而且所生的兒女都會身體健康，性格溫良。既少有出痘疹等疾病，又能夠健康長壽。果真能預先做好絕欲保胎這件事，就必定能夠身心安樂，子孫賢善，光大門庭，有益於社會。這就是所謂的治病於沒生病之前。這個道理也蘊含在安邦治國之中，治理國家，保國家安定，一定要在未亂之時，這就是防患於未然的殊勝利益。

印祖真是無限地慈悲，對在家居士的方方面面給予悉心教導。這些關於保胎生產的常識，可能很多人都不知道，很多年輕的父母們都沒有得到這方面的教授，都是糊里糊塗地就結婚了、懷孕了；孕產期間也不知道正確的保胎方法。雖然也想要優生優育，但是無從獲得這些真正的智慧，在孩子最重要的萌芽階段可能都採取了相反的、錯誤的做法，對孩子的成長乃至一生都造成了不好的影響。如果能夠有幸學習到印祖的這些教言，將可以避免很多對孩子的不良影響，這對孩子的一生是多麼重要啊！

下面兩段是佛經中講產前跟產後的方法，摘錄自《地藏菩薩本願功德經》。

產前

◆《地藏菩薩本願經》云：「復次普廣。若未來世中閻浮提內。剎利婆羅門長者居士一切人等。及異姓種族有新產者。或男或女七日之中。早與讀誦此不思議經典（即《地藏菩薩本願經》）。更為念菩薩名可滿萬遍（即除了平日所念的觀音聖號外，另再加念『南無地藏王菩薩』聖號）。是新生子或男或女。宿有殃報便得解脫。安樂易養壽命增長。若是承福生者轉增安樂及與壽命。」

在生產前七天開始，每天念一部《地藏經》、一萬聲「南無地藏王菩薩」的名號，這樣的話，這個小孩子過去的業障就能得到清淨，就會安樂易養，壽命增長。如果孩子本來就有福報，他的福報會更大，更增上安樂，更加健康長壽。

但是我建議大家，我們現在末法時代的眾生業障更重，最好從懷孕開始就每天念《地藏經》，每天念地藏王菩薩名號。這一點非常重要。

為什麼我們現在的小孩子不安樂、不易養，從小就體弱多病，每天都是吵吵鬧鬧？這都是過去的惡業沒有得到清淨的關係。關於為孩子念經方面，除了以上所說的《地藏經》修行方法之外，我建議最好是以下幾部經也能輪番念，最好也能夠抄寫，因為這幾部經都跟求子以及保胎有關。

第一，《一切如來心秘密全身舍利寶篋印陀羅尼經》裡面講道：「賢男美女，不禱自生。」你如果想要生一個好孩子，念這部經是很靈的。

第二，《妙法蓮華經》，我建議讀誦和抄寫整部《妙法蓮華經》，特別是其中第二十五品《觀世音菩薩普門品》。求子求女，可以多念《普門品》，則「福德智慧之男，端正有相之女」一定會得到的。

第三，《聖救度佛母二十一種禮讚經》，經中說「欲乞男女得男女」，也是求子得子，求女得女。

第四，《關聖帝君覺世真經》也有這個作用，經中說「求子得子」。

第五，《佛說長壽滅罪護諸童子陀羅尼經》，可以防止流產，還有保胎的作用。擔心孩子保不住的話，念這部經就可以保得住。

產後

◆《地藏菩薩本願經》云：「是閻浮提人。初生之時不問男女。或欲生時但作善事（印經、賑災、恤貧等諸善功德）增益舍宅。自令土地無量歡喜。擁護子母得大安樂利益眷屬。」

在孩子剛剛生下來或者快出生之前，也就是在生孩子的前後，一定要大做特做善事，盡量地做善事，印經書、賑災、恤貧、上供下施等等。這樣就可以增益家宅，當地的土地神都會無量歡喜，擁護子母，讓他們都得到很大的安樂，還可以利益到這一家的眷屬。

◆「或已生下慎勿殺害。取諸鮮味供給產母。及廣聚眷屬飲酒食肉歌樂弦管。能令子母不得安樂。」

生下孩子以後，千萬不要殺生取肉供給產婦食用，而且不能搞慶祝，更不能殺生、喝酒、吃肉，這樣會令子母都不得安樂。

◆「何以故。是產難時有無數惡鬼及魍魎精魅欲食腥血。是我早令舍宅土地靈祇荷護子母。使令安樂而得利益。如是之人見安樂故。便合設福答諸土地。翻為殺害聚集眷屬。以是之故。犯殃自受子母俱損。」

什麼原因令子母都不得安樂呢？婦女生產可謂一難，在發生難產的時候，有無數惡鬼和山妖水怪之類想要吃腥血。這時候，主命鬼王老早就令那些土地神祇來保護孩子和母親，令他們安樂，得到種種利益。看見大人、小孩都安樂，就應該做功德修福，答謝所有的土地神。如果不但不答謝土地，反而殺害生靈，聚集眷屬，那麼所犯罪過必須自己承受，而且孩子和母親也都會受損傷。

如果殺生食肉，「子母俱損」；如果戒殺、放生、素食，而且每天好好讀經，讀誦《妙法蓮華經》《地藏菩薩本願經》，然後上供下施，這樣就會子母安樂。

這是產前產後的問題。

◆思考題◆

1. 為什麼懷孕了以後就絕對不能夠有任何的性行為？
2. 果真能預先做好絕欲保胎會帶來什麼利益？
3. 為什麼要防病於未病？防患於未然？
4. 《地藏經》中所說的產前產後應做應斷的行為各有哪些？

5. 智廣阿闍梨推薦的求子求女、保胎及胎教的經典、修法有哪些？

6. 懷孕保胎、優生優育，世人的做法都有哪些？你覺得正確嗎？

7. 本章所說的求子保胎胎教法，你見過依此行持而孕育寶寶的實際案例嗎？

第二十三講

如何對治妄念

第二十三講

如何對治妄念

原文

初心念佛，未到親證三昧之時，誰能無有妄念。所貴心常覺照，不隨妄轉。喻如兩軍對壘，必須堅守己之城郭，不令賊兵稍有侵犯。候其賊一發作，即迎敵去打。必使正覺之兵，四面合圍。俾彼上天無路，入地無門。彼自懼獲滅種，即相率歸降矣。其最要一著，在主帥不昏不惰，常時惺惺而已。若一昏惰，不但不能滅賊，反為賊滅。所以念佛之人，不知攝心，愈念愈生妄想。若能攝心，則妄念當漸漸輕微，以至於無耳。故云，學道猶如守禁城，晝防六賊夜惺惺。將軍主帥能行令，不動干戈定太平。

（節選自《印光法師文鈔》【增廣卷二．書二】復徐彥如軼如二居士書）

這一段，印祖開示的是如何對治妄念的一些方法。我們每個人都會有妄念，如果不能對治的話，修行就不能成功。無論是修哪個法門，在對治妄念方面，都是一樣重視的。印祖在這方面給我們傳授了很多要訣，如果懂得用這些要訣來對治妄念的話，就可以獲得解脫。

◆初心念佛，未到親證三昧之時，誰能無有妄念。

我們都是初學佛者，都沒有證得三昧。「三昧」是一種非常高的修行境界：念佛，有念佛三昧；念《法華經》，有法華三昧；修持《首楞嚴經》，有首楞嚴大定。這些都是三昧的境界。我們沒有得到三昧之前，每個人都是有很多妄念的。

我們持咒、修法、念經，甚至聽法的時候，都會有很多的妄念，平常就更不用說了。既然每個人都有很多妄念，怎麼去對治這些妄念呢？印祖在這裡傳授了很重要的要訣。

◆所貴心常覺照，不隨妄轉。

這句話就是重點。你為什麼會產生妄念？關鍵是什麼？就是因為你失去了覺照，就像燈關掉以後，黑暗就會出現，我們正念失去以後，妄念就會產生。怎樣才能消除妄念呢？最重要的就是「心常覺照」——我們的心時時刻刻要保持覺知，就像房間裡面一直要亮著燈，黑暗就不可能有了。

「心常覺照，不隨妄轉」，也並不是說我們保持覺知的時候，妄念就不會產生了，不是這樣的，而是說當妄念產生的時候，你非常地清楚，不會被妄念帶走。我們最怕的是什麼？產生妄念，然後又被妄念帶走了，開始輪迴了，自己還不知道。所以，產生妄念不是最可怕的，最可怕的是產生妄念還不知道，被妄念帶走了。而當心常常覺照的時候，即使產生妄念，也能夠及時對治，不會被帶走。

◆喻如兩軍對壘，必須堅守己之城郭，不令賊兵稍有侵犯。候其賊一發作，即迎敵去打。必使正覺之兵，四面合圍。俾彼上天無路，入地無門。彼自懼獲滅種，即相率歸降矣。

這段是一個比喻，將妄念與正覺比作兩軍對壘。我們的「正覺之兵」是什麼？就是心裡要有覺照，時時刻刻要保持清醒，不能夠失去正念，不能夠失去覺知。比如說，打妄想的時候，我們內心不知道自己已經打妄想了，這就有問題了。如果我們內心當中能夠保持覺知的話，妄念並不可怕，就像兩軍對壘一樣，我們時時刻刻要守護自己的城池，不令妄念賊兵稍有侵犯。如果賊兵一出現，馬上就去打，這個妄念就投降了。

◆其最要一著，在主帥不昏不惰，常時惺惺而已。若一昏惰，不但不能滅賊，反為賊滅。

我們糊里糊塗的時候，妄念就產生了。如果我們時常惺惺，這裡的「惺惺」就是保持覺知、保持清醒。你能夠時時刻刻保持覺知、保持清醒的話，就沒有問題。妄念產生，我們馬上就知道，就不會被它所帶走，那麼妄念就不會起作用。就像房間裡面有主人在，有燈亮著，小偷就不會進來，一樣的道理。

◆所以念佛之人，不知攝心，愈念愈生妄想。若能攝心，則妄念當漸漸輕微，以至於無耳。

我們念佛、念咒、念經、聽法時，為什麼會有很多妄想？因為我們不知道「攝心」，已經失去了覺知，失去了正念。所以一開始還是會有很多妄想，但如果我們能夠攝心，時時刻刻保持覺知、時時刻刻保持正念的話，日久功深，慢慢慢慢妄念自然就會消除了。

◆故云，學道猶如守禁城，晝防六賊夜惺惺。將軍主帥能行令，不動干戈定太平。

所以說，我們修行學道就像守住自己的城池一樣，晝夜都要保持一種覺知，提防妄念的產生。只要作為主帥的我們的心能保持覺知，最終我們一定能夠獲得勝利，一定可以戰勝妄念。覺知，就是我們面對妄念最重要的方法。

這段開示告訴我們的道理是：沒有親證三昧之前，修行人一定是有妄念的；有妄念的時候，最重要的就是「心常覺照，不隨妄轉」。「心常覺照」，就是時時刻刻保持覺知；「不隨妄轉」，就是妄念產生的時候，我們不被妄念所帶走，回到正念上來。這是我們對治妄念最重要的要訣。

思考題

1. 學佛人應如何攝心？
2. 如何對治妄念？
3. 如何保持覺知？

第二十四講

◆◆◆

起心動念處下功夫

第二十四講

起心動念處下功夫

原文

蘧伯玉行年五十，而知四十九年之非。孔子年將七十，尚欲天假之年，卒以學易，以祈乎無大過。聖賢之學，未有不在起心動念處究竟者。近世儒者，唯學詞章。正心誠意，置之不講。雖日讀聖賢書，了不知聖賢垂書訓世之意。而口之所言，身之所行，與聖賢所言所行，若明暗之不相和，方圓之不相入，遑問究及於隱微幾希之間哉。佛經教人常行懺悔，以期斷盡無明，圓成佛道。雖位至等覺如彌勒菩薩，尚於二六時中，禮十方諸佛，以期無明淨盡，圓證法身。況其下焉者乎。而博地凡夫通身業力，不生慚愧，不修懺悔。雖一念心性，與佛平等。由煩惱惡業障蔽心源，不能顯現。

（節選自《印光法師文鈔》【增廣卷一・書一】復鄧伯誠居士書二）

這裡印祖開示修行要在起心動念處下功夫，要時刻反省、懺悔。

◆蘧伯玉行年五十，而知四十九年之非。

蘧伯玉到五十歲時，反省知道自己前面四十九年的過失。蘧伯玉是孔子時代非常著名的一個人物。他最大的特點是每天反省自己的過失，每年都要看自己有沒有進步，是「日日知非，日日改過」的一個典範人物。在《論語》《了凡四訓》當中都有他的故事，以賢德聞名於諸侯，非常懂得反省。

◆孔子年將七十，尚欲天假之年，卒以學易，以祈乎無大過。

孔子快七十歲的時候，還想要在剩下的年歲裡學完《周易》，以祈望自己沒有大的過失。

◆聖賢之學，未有不在起心動念處究竟者。

聖賢的學問，沒有不在起心動念處來究竟圓滿的。這句話是關鍵，「聖賢之學」體現在哪裡？就體現在起心動念處。如果我們能夠在起心動念處下功夫，這叫聖賢之學；如果不是在起心動念處下功夫，就是假道學。

◆近世儒者，唯學詞章。正心誠意，置之不講。

近世的儒家學人，只是學習詞句文章。對於端正內心、至誠真意，卻放在一邊不去理會。這就是近代傳統文化受到破壞的一個很重要的原因。並不是別人的關係，是因為學習聖賢之道的人把重要的都給拋棄了。

◆雖日讀聖賢書，了不知聖賢垂書訓世之意。而口之所言，身之所行，與聖賢所言所行，若明暗之不相和，方圓之不相入，遑問究及於隱微幾希之間哉。

雖然每天讀聖賢書，卻完全不知道聖賢寫書教誨世人的用意。而口中所說、身體所做，與聖賢的所說所行，如同明和暗不相融和，方和圓不相契入。更不要問有沒有窮究到起心動念處下功夫了。

「隱微」就是非常隱蔽和微小，「幾希」就是很小，「隱微幾希」就是細節。我們現在講「細節決定成敗」，而在這裡，「隱微幾希之間」就是指我們的起心動念處。我們修行用功、學習聖賢之道，都是要在隱微幾希之間下功夫，都是要在起心動念處下功夫。

◆佛經教人常行懺悔，以期斷盡無明，圓成佛道。雖位至等覺如彌勒菩薩，尚於二六時中，禮十方諸佛，以期無明淨盡，圓證法身。況其下焉者乎。而博地凡夫通身業力，不生慚愧，不修懺悔。雖一念心性，與佛平等。由煩惱惡業障蔽心源，不能顯現。

佛經教人們要經常懺悔，以期能把無明斷除乾淨，成就圓滿的佛道。哪怕如彌勒菩薩那樣已經證到等覺位了，還是從早到晚禮拜十方諸佛，以期把無明斷除乾淨，證得圓滿的法身，何況是在下位的眾生？而博地凡夫通身都是業力，卻不生慚愧心，不修懺悔。雖然凡夫的一念心性和諸佛是平等的，然而由於煩惱及惡業障礙、遮蔽了心性之源，以致於真心不能顯現。

這段總的來說就是講修行要在起心動念處下功夫。起心動念處怎麼下功夫？最重要的，用儒家的話來講就是反省改過，用佛法的話就叫懺悔業障。

懺悔中的「懺」，是知道什麼是不對的，承認自己錯了；「悔」就是從此以後再也不做。

什麼人要懺悔？沒有成佛的人都要懺悔，不是說修了五年十年就不需要懺悔了，連等覺菩薩都要懺悔，何況是我們「博地凡夫通身業力」，怎麼能夠不生慚愧、不修懺悔？要懺悔到什麼程度才可以結束？懺悔到成佛為止。如果成了佛，就不需要懺悔了；沒有成佛，就要繼續懺悔。

這是印祖對我們的開示。

思考題

1. 聖賢之學體現在哪裡？在哪裡究竟圓滿？
2. 近代傳統文化受到破壞的一個很重要的原因是什麼？
3. 凡夫的一念心性和諸佛平等，為什麼不能顯現？
4. 起心動念處怎麼下功夫？
5. 什麼人要懺悔？

第二十五講

◆
◆
◆

以苦為師

第二十五講

以苦為師

原文

若境遇不嘉者，當作退一步想。試思世之勝我者固多，而不如我者亦復不少。但得不饑不寒，何羨大富大貴。樂天知命，隨遇而安。如是則尚能轉煩惱成菩提，豈不能轉憂苦作安樂耶。若疾病纏綿者，當痛念身為苦本，極生厭離，力修淨業，誓求往生。諸佛以苦為師，致成佛道。吾人當以病為藥，速求出離。須知具縛凡夫，若無貧窮疾病等苦，將日賓士於聲色名利之場，而莫之能已。誰肯於得意烜赫之時，回首作未來沉溺之想乎。孟子曰，故天將降大任於是人也，必先苦其心志，勞其筋骨，餓其體膚，空乏其身，行拂亂其所為，所以動心忍性，增益其所不能。故知天之成就人者多以逆，而人之祇承天者宜順受也。然孟子所謂大任，乃世間之爵位，尚須如此憂勞，方可不負天心。何況吾人以博地凡夫，直欲上承法王覺道，下化法界有情。倘不稍藉挫折於貧病，則凡惑日熾，淨業難成。迷昧本心，永淪惡道。盡未來際，求出無期矣。古德所謂不經一番寒徹骨，爭得梅花撲鼻香者，正此之謂也。但當志心念佛以消舊業，斷不可起煩躁心，怨天尤人，謂因果虛幻，佛法不靈。

（節選自《印光法師文鈔》【增廣卷一．書一】復鄧伯誠居士書一）

這是印祖開示在日常生活中修行的要點。

修行的人難免會遇到不順心的事情，遇到一些違緣。如何來面對這些所謂的不順心的事情以及違緣？印祖給我們開示了非常殊勝的竅訣。

人的一生，有些人會順利，有些人會非常不順利，這都是很正常的。我們娑婆世界不可能沒有痛苦，所謂的娑婆世界就是堪忍世界，這個世界最大的特點就是「猶如火宅，眾苦充滿」，沒有痛苦是不可能的，這裡不是極樂世界。那麼我們如何去面對這些問題呢？

◆若境遇不嘉者，當作退一步想。試思世之勝我者固多，而不如我者亦復不少。但得不饑不寒，何羨大富大貴。

我們今天遇到了障礙，遇到了違緣，遇到不順心的事情，應當要作退一步想，一定要瞭解這個世界上比我好的人固然多，但比我不好的人也非常多。只要能夠不餓不冷，又何必去羡慕大富大貴？這就是很重要的觀點，是我們修行的一個竅訣。

就像我們騎了一輛自行車外出，看到別人開BMW，我們非常地羡慕；但是當我們看到旁邊還有一個沒有腿的人拄著拐杖走路的時候，我們就知道我們挺好的了。我們對世間法都應該這樣，因為好是沒有止境的，富貴是沒有止境的。如果我們一生當中一直在追求這些東西，最後一口氣不來，所有的東西都化為泡影，這些追求都沒有任何的意義。我們唯一要追求的就是解脫成佛，度化眾生。

◆樂天知命，隨遇而安。如是則尚能轉煩惱成菩提，豈不能轉憂苦作安樂耶。

如果能夠樂天知命、隨遇而安的話，尚且能夠把煩惱轉變成菩提，又怎不能把憂苦轉變成安樂呢？

在世間法上，我們應該「樂天知命，隨遇而安」。自己有多少福報就做多少事情，不要有超出自己本分的期望。很多人總是覬覦，有很多非分之想。自己的福報是很差的，業障是很重的，但是卻希望自己如何如何，希望得到名利、得到地位等，這就叫覬覦，這就叫非分之想。這是不好的，因為追求的都是非分之想，最後就會得不到；不但得不到，還因為過程中種下的負面種子，未來一定會變成惡果回到我們身上，就會非常痛苦。這是我們現代人痛苦的原因之一。

如果能夠「樂天知命，隨遇而安」，就能「轉煩惱成菩提」，「轉憂苦作安樂」。一定要懂得這個道理，我們在世間輪迴裡的追求是無窮無盡的，但是最終都是如夢幻泡影沒有意義的，究竟不可得；哪怕暫時得到，最終都會失去。我們看看《三國演義》，爭權奪利，到最後如何？還不是一場空。再厲害的文臣武將最後的結局是什麼？還不是一口氣不來，最後一切都歸別人了。世間輪迴當中所有的一切最終都是夢幻空花。我們能夠「樂天知命，隨遇而安」，這就是快樂之本。不要跟別人去攀比，要多看看不如我們的人，而且要對他們生慈悲心，在我們力所能及的範圍內給他們一些幫助，這樣我們才能越來越好。

◆若疾病纏綿者，當痛念身為苦本，極生厭離，力修淨業，誓求往生。

如果我們生病了怎麼辦？除了自己要好好保養身體，要去看病以外，還要知道「身為苦本」，我們只要有這個身，就會有苦。因為有身，就會有生老病死，沒有辦法，這是宇宙的規律。所以應該產生極大的厭離心，努力修淨土法門，發誓要往生極樂世界。到了極樂世界就沒有問題了，在那裡，我們每個人都是蓮花化生，都是金剛那羅延身，永遠不會壞的，永遠不會有生老病死的痛苦。

◆諸佛以苦為師，致成佛道。吾人當以病為藥，速求出離。

諸佛菩薩也是「以苦為師」才成就無上菩提的。我們今天也是一樣，要以苦作為我們修行的動力，以病苦為良藥，越是痛苦，越要發出離心，越要對眾生起大悲心。

◆須知具縛凡夫，若無貧窮疾病等苦，將日賓士於聲色名利之場，而莫之能已。誰肯於得意烜赫之時，回首作未來沉溺之想乎。

對於我們這些凡夫俗子來講，如果沒有這些人生的痛苦、人生的不如意，我們怎麼會去學佛？這是不可能的。如果我們一切都很好，就會跟那些愚癡的凡夫一樣，每天吃喝玩樂，追名逐利，沒辦法控制自己的。

很多人是因為體驗到了輪迴的痛苦，才會發起出離之心，發起求解脫之心，才會去修行佛法。苦是我們的老師，苦能夠讓我們趨向覺悟，如果不苦，我們就不會趨向覺悟。佛陀說：「富貴學道難。」如果一個人沒有痛苦，恰恰是他最大的業障，有苦才是他的福報。

誰在一切都很順利的時候，會想著「未來我會墮落」？這是不可能的。舒服得不得了的時候，根本不會去想輪迴痛苦的事情，這就是為什麼富貴學道難的原理。

◆孟子曰，故天將降大任於是人也，必先苦其心志，勞其筋骨，餓其體膚，空乏其身，行拂亂其所為，所以動心忍性，增益其所不能。故知天之成就人者多以逆，而人之祇承天者宜順受也。

老天爺要成就一個人，一定要給他一些困難才能讓他成長，我們人要逆來順受，坦然地接受一切，因為都是自己的果報。為什麼這個事情會臨到你頭上，不臨到別人頭上？不是自己的果報是什麼？如果我們深信因果，就會安然接受所有的結果，不會有任何的怨言。而且我們還要把這個結果轉為道用，在苦當中發起出離心，發起菩提心，轉病為道，轉苦為道。

◆然孟子所謂大任，乃世間之爵位，尚須如此憂勞，方可不負天心。何況吾人以博地凡夫，直欲上承法王覺道，下化法界有情。

孟子講的「大任」，只是世間的地位而已，都要受苦才能成就。何況我們是以凡夫身上求佛道，下化眾生，成就法界中最偉大的事業呢？更應該接受一番歷練。

◆倘不稍藉挫折於貧病，則凡惑日熾，淨業難成。迷昧本心，永淪惡道。盡未來際，求出無期矣。

倘若不稍稍憑藉貧苦疾病來受一些挫折，那麼凡夫的迷惑就會日日熾盛，淨業難以成就。迷失暗昧本心，永遠沉淪惡道。

不受點苦是不會解脫的。不受點挫折的話，我們一定會「凡惑日熾」，又愚癡又傲慢。所以，佛菩薩想，這些人怎麼辦？要給他們一些打擊，把愚傲之氣打下去，才會明白自己該做什麼。如果我們不受點打擊，老是以為自己非常了不起，每天造惡業眼睛都不眨，想都不想，這樣就很麻煩。如果這一輩子想盡辦法造惡業，全力以赴造惡業，以後我們就沒得救了。所以諸佛菩薩為了讓我們能夠覺醒，給我們一點苦吃。

◆古德所謂不經一番寒徹骨，爭得梅花撲鼻香者，正此之謂也。但當志心念佛以消舊業，斷不可起煩躁心，怨天尤人，謂因果虛幻，佛法不靈。

古德說：「不經一番寒徹骨，爭得梅花撲鼻香。」說的就是這個意思。要志心念佛以消舊業，千萬不可起煩躁心，怨天尤人，認為因果是虛幻，佛法不靈驗。

「以苦為師」，這就是我們修行的一個很重要的竅訣。苦就是我們的老師，這在很多高僧大德的開示中都說得非常清楚，非常明白。藏傳佛教當中也有以苦為師的說法。

我們自己一定要有信心，將生活當中所有的苦轉為道用。我們如果能轉苦為道用，那麼不但不會受其害，反而會得到更大的進步。

思考題

1. 當我們境遇不佳時該如何修行？
2. 佛陀說：「富貴學道難。」對此你有什麼體會？
3. 如果我們生病了，怎麼辦？
4. 「諸佛以苦為師，致成佛道。」我們如何「以苦為師」，轉苦為道用？

第二十六講

如何面對病與魔

第二十六講

如何面對病與魔

原文

病與魔，皆由宿業所致，汝但能至誠懇切念佛，則病自痊癒，魔自遠離。倘汝心不至誠，或起邪淫等不正之念，則汝之心，全體墮於黑暗之中，故致魔鬼攪擾。汝宜於念佛畢回向時，為宿世一切怨家回向，令彼各沾汝念佛利益，超生善道。此外概不理會，彼作聲，也不理會作怕怖，不作聲，也不理會作歡喜。但至誠懇切念，自然業障消而福慧俱皆增長矣。看經典切不可照今人讀書之毫不恭敬，必須如佛祖聖賢降臨一般，方有實益，汝果能如是，則心地正大光明，彼邪鬼邪神，便無地可安身矣。倘汝心先邪，則以邪招邪，何能令彼遠離不擾也。他心通，鬼神雖有，小而且近。若業盡情空，則猶如寶鏡當台，有形斯映。汝不至心念佛，而欲研究此之真相，不知此心，便成魔種。譬如寶鏡，無絲毫塵垢，自會照天照地。汝之心被塵垢封蔽深固，而欲得此，如塵封深厚之鏡，斷不能發光。或有發者，乃妖光，非鏡光也。此事且置之度外，如墮水火，如救頭

然以念佛，則無業魔不消矣。（節選自《印光法師文鈔》【增廣卷二・書二】復某居士書）

◆病與魔，皆由宿業所致。

在修行的過程當中，有些人可能會遭遇疾病，有些人可能會遭遇魔障，所謂的疾病、魔障都是由宿世的惡業所致，不是無緣無故的。

我們一定要明白：我們遇到任何所謂不順利的事情，不能去抱怨任何人，這都是我們自己過去的惡業所感召的；如果沒有過去的惡業，不可能碰到所謂的病與魔。

那麼我們如果遇到這種情況，該怎麼辦？

◆汝但能至誠懇切念佛，則病自痊癒，魔自遠離。

很簡單，印祖告訴我們的要訣是「至誠懇切念佛」。當然，至誠懇切持咒、念經也是一樣的，關鍵在於「至誠懇切」。

我們如果能夠至誠懇切念佛、持咒、念經，業障就會消除，那麼病自然而然就痊癒了，魔自然就遠離了。

◆倘汝心不至誠，或起邪淫等不正之念，則汝之心，全體墮於黑暗之中，故致魔鬼攪擾。

如果沒有效果，我們要瞭解是因為心不至誠。不但心不至誠，內心當中還產生邪淫等不正之念。如此一來，心就全都墮於黑暗之中，所以就會有魔鬼來攪擾。

◆汝宜於念佛畢回向時，為宿世一切怨家回向，令彼各沾汝念佛利益，超生善道。

另外，念佛、誦經、持咒以後，要為宿世一切怨親債主回向，希望他們都能夠以此功德往生極樂，獲得解脫。

◆此外概不理會，彼作聲，也不理會作怕怖，不作聲，也不理會作歡喜。但至誠懇切念，自然業障消而福慧俱皆增長矣。

除此之外一概不理會。出現鬼叫聲，我們也不用怕；它不出聲，我們也不要歡喜。只要至誠懇切地念佛、念經、持咒，然後回向，業障自然會消除，福報和智慧自然會增長。

這就是如何面對病與魔的要訣。首先要瞭解所謂的病與魔都是自己過去的業力而已，沒什麼可怕的，關鍵就是要好好地懺悔業障；然後要至誠懇切地念佛、念經、持咒，遠離不正之念，時時刻刻保持覺知，保持正念；回向的時候，把所有的功德回向給宿世一切的怨親債主，讓他們都能夠以此功德往生極樂淨土，都能夠解脫成佛。

◆看經典切不可照今人讀書之毫不恭敬，必須如佛祖聖賢降臨一般，方有實益。

這句話非常重要。我們很多人可能以前也學過聞法的要點。聽法的時候應該怎麼聽？《大方廣佛華嚴經》云：「善男子！應於自身生病苦想，於善知識生醫王想，於所說法生良藥想，於所修行生除病想。」很多祖師大德都開示了「聞法四想」等聽法的要訣，這樣做才能夠如法地來聽法。如果不如法聽法，效果就會非常差。

如法地聽法應該這樣，看經典也應該這樣，就如同佛陀、祖師以及聖賢親自降臨一般，這樣才會有真實的利益。

現在網路、印刷業非常發達，可以很容易看到經書，聽到講法錄音，看到傳法錄影等，但是很多人在很容易得到這些佛法以及聖賢教誨的時候，卻沒有恭敬心，這樣不但得不到任何利益，反而造下了輕慢的罪業。

如果以輕慢之心收聽、收看傳法的錄音、錄影，特別是一個人在房間裡面的時候，可能姿勢都不正，沒有親臨現場的恭敬心，這樣的話，聽法的時候就造下了無窮的罪業，這叫「求升反墮」。本來想求解脫的，但是因為輕慢之心，反而造下了無窮的罪業；不但不會開智慧，反而會增長愚癡。

看經典也是一樣，不能隨隨便便看。如果以輕慢之心，對經典沒有恭敬之心，像看小說一樣來看，不但沒有任何功德，反而因此造下了輕慢佛法、輕慢聖賢之道的罪過，會變得更加愚癡，業障更加嚴重。

印祖說：「看經典，切不可照今人讀書之毫不恭敬。必須如佛祖聖賢降臨一般，方有實益。」我們無論是在現場聽法，還是通過錄音、錄影、網路上聽法，或者看經典、讀經典，都應該有這樣的恭敬之心，都應該具足如理聽法的軌則，才可以得到真實的利益；如果不是這樣的話，就會招來無窮的過患，增長業障，減損智慧，變得更加愚癡，因為輕慢正法，輕慢智慧，輕慢聖賢之道的緣故。

◆汝果能如是，則心地正大光明，彼邪鬼邪神，便無地可安身矣。

如果能夠做到上面說的，我們的心就會正大光明，那些邪鬼邪神，就沒有安身之處了。

我們為什麼被邪魔所擾亂？是因為內心當中有惡念，有不好的念頭；如果內心當中正大光明，跟邪魔不相應，邪魔就沒辦法來害我們。

《觀無量壽經》裡面講：「是心是佛，是心作佛。」所有一切的境界都是來自於自己的心，內心如果正大光明，就不會有任何所謂的邪鬼邪神。

◆倘汝心先邪，則以邪招邪，何能令彼遠離不擾也。

我們內心當中有邪念，就會招來不好的東西。最重要的是時時刻刻要保持覺照，同時內心當中要放鬆；產生妄念時，不要被它帶走，具足正知正念，這樣就沒有問題。

◆他心通，鬼神雖有，小而且近。若業盡情空，則猶如寶鏡當台，有形斯映。汝不至心念佛，而欲研究此之真相，不知此心，便成魔種。

他心通鬼神雖然有，但是神通力小，而且非常有限，我們不需要去研究。如果我們的心達到業盡情空的境界，就自然會像寶鏡在前一般，映現出一切的影像。

如果我們不至心念佛，不好好修行，卻很喜歡神通，想研究這些神通的事情，這樣的心就會變成魔種，魔就會乘虛而入，因為我們有追求，有貪心。

◆譬如寶鏡，無絲毫塵垢，自會照天照地。汝之心被塵垢封蔽深固，而欲得此，如塵封深厚之鏡，斷不能發光。或有發者，乃妖光，非鏡光也。此事且置之度外，如墮水火，如救頭然以念佛，則無業魔不消矣。

比如寶鏡，如果沒有絲毫垢染，自然照天照地。如果我們的心被塵垢覆蓋，卻想得神通，就好像覆蓋了厚厚塵垢的鏡子，不可能發光；即便發光，也是妖光，不是鏡光。所以在沒有獲得證悟之前，不能去追求所謂的神通境界，一定要把這些東西置之度外。時時刻刻以無常的正念，像墮入水火，像撲救頭上的火一樣，好好地持咒、念佛，那麼所有的業障都可以消除，所有的魔障都可以消除。

特別是我們修行大乘佛法，如果有正大光明的菩提心，好好地念誦《藥師琉璃光如來本願功德經》，念誦藥師佛的名號，以藥師佛第九大願：「願我來世得菩提時，令諸有情出魔罥網，解脫一切外道纏縛；若墮種種惡見稠林，皆當引攝置於正見，漸令修習諸菩薩行，速證無上正等菩提。」就可以讓我們遣除魔障，速證菩提。還有很多真言密咒也能夠強有力地遣除魔障，如首楞嚴咒、不動明王真言、大白傘蓋陀羅尼、蓮師心咒等等，我們好好持誦都可以遣除一切的魔難，消除一切的疾病。

思考題

1. 我們應該怎樣正確地看待疾病與魔障？
2. 怎樣做才能令「病自痊癒，魔自遠離」？
3. 什麼會讓我們與魔相應，令心墮入黑暗？
4. 修行人為什麼不能執著神通？
5. 聞法為什麼要恭敬？應該遵循什麼樣的軌則？

第二十七講

◆◆◆

對治我執

第二十七講

對治我執

原文

修行之要，在於對治煩惱習氣。習氣少一分，即工夫進一分。有修行愈力，習氣愈發者。乃只知依事相修持，不知反照回光克除己心中之妄情所致也。當於平時，預為提防。則遇境逢緣，自可不發。倘平時識得我此身心，全屬幻妄。求一我之實體實性，了不可得。既無有我，何有因境因人，而生煩惱之事。此乃根本上最切要之解決方法也。

（節選自《印光法師文鈔》【增廣卷四・雜著】示淨土法門及對治嗔恚等義）

◆修行之要，在於對治煩惱習氣。

印祖在這裡給我們傳授了一個修行的要訣。修行最重要的是什麼？不是念經、持咒，不是吃素、磕頭，也不是供養、佈施。那麼最重要的是什麼？是對治自己的煩惱和習氣。

所有的修行，不管是吃素、念佛、磕頭、燒香、持咒、念經等等，如果並沒有對治自己的煩惱、習氣，都不叫修行；不但不是修行，可能反而是在鞏固我執。比如說，所有的修行都是為了自己升官、發財，為了自己身體好，為了自己如何如何，這些都不叫修行，都只是在鞏固我執。

什麼是真正的修行？就是要對治自己的我執和習氣。所以「修行之要，在於對治煩惱習氣」，我們的貪嗔癡，種種的我執所顯現的種種習氣，必須要全部對治。

◆習氣少一分，即工夫進一分。

我們看一個人的修行好不好，不是看他能背多少經論，講多少法，能磕多少頭，念多少經，這些並不重要；我們看他功夫好不好，只有一個標準，就是看他的習氣是不是減少了。如果他煩惱很少，習氣非常淡薄，所有的言行舉止都符合佛法，心非常地調柔，就是修行好的人；哪怕他能夠講三藏十二部所有的佛法，但是如果煩惱習氣一點都沒有減少的話，就不是一個修行很好的人。

◆有修行愈力，習氣愈發者。乃只知依事相修持，不知反照回光克除己心中之妄情所致也。

也有一些人，已經修行了很多年了，也非常用功，念佛、誦經、持咒、修法等等，每天做很多很多的功課，念很多很多的經，修很多很多的法，甚至閉很長時間的關，但是習氣反而更厲害了。這是為什麼呢？是因為都是在形象上修行，都是在積累數字，不知道所有的修行必須要「反照回光」，要去看自己的心，要克除自心中的妄情。所謂的貪、嗔、癡、傲慢、習氣、我執，這些就叫妄情。

如果我們沒有去「反照回光」，沒有去反觀自己的心，那麼所有的修行都會變成事相，都會變成形象，都不是真正的修行。這些事相、形象上的東西做得再多，能不能消除我執？不一定。甚至有些人修了很多年以後，我執更加被鞏固了，認為「我」已經是老修行了，卻不知可能已經變成佛教老油子了。這樣的話，修行沒有幫他消除我執，反而增長了我執。這就是「依事相修持，不知反照回光克除己心中之妄情所致」。

任何的修行，無論是念經、持咒、磕頭、佈施、供養等等，一定要注意，都要去對自己心中的妄情下功夫。修行都是為了破除我執，對治煩惱和習氣，千萬不能夠忘記這個要點。

如果出現這種愈修習氣愈發的情況，應該怎麼做？

◆當於平時，預為提防。

我們修行不是在座上，在念經、修法、聽法的時候，「噢，我現在開始修行了」，不是這樣的，而是在平常的時候，「預為提防」。為什麼？因為如果平時都是在串習這些不好的習氣，那在座上修行的時候，就會出現種種問題，產生妄念，產生執著，產生不好的各種各樣的狀況。如果我們平時都能夠時時刻刻保持覺照，不讓這些妄念習氣得到串習的話，我們在座上就會得到清淨。

比如說，我們日常生活當中非常地散亂，看電腦時，打開十幾個文檔，甚至十幾個視窗，東看西看，這邊QQ叫，那邊Skype上回答兩句，這邊還看一個視頻，那邊放著音樂，而且可能旁邊還跟別人說話聊天，等等，這就是我們在串習散亂的習氣。所以我們上座的時候，就會散亂，心裡面就會胡思亂想。如果我們平時做任何事情都能夠一心一意，我們就是在串習專注的習氣，座上就可以達到專注。

◆則遇境逢緣，自可不發。

如果平時串習的都是正知正念，都是專注，都是完完全全按照佛陀的教言去做，那麼我們遇到各種各樣的因緣時，習氣就不會顯現出來。

◆倘平時識得我此身心，全屬幻妄。求一我之實體實性，了不可得。既無有我，何有因境因人，而生煩惱之事。此乃根本上最切要之解決方法也。

這裡印祖講了一個根治的方法。怎樣才能夠讓煩惱習氣連根拔除？最重要的是什麼？就是「識得我此身心，全屬幻妄」。我們要瞭解，所謂的身心都是幻化的、虛妄的，「求一我之實體實性，了不可得」。

我們反觀內照，身體裡面有沒有「我」？我們的身體是由地水火風構成的，地是固體，身體的皮肉、骨頭；水是身體裡的液體；火是身體的溫度；風是身體裡的氣，呼吸的氣流。地是不是我？水是不是我？火是不是我？風是不是我？從身體的各個部位來看，哪個部位是我？如果有一個部位是我，這個部位砍下來是我嗎？如果手是我，手砍下來是我嗎？如果頭是我，頭砍下來是我嗎？如果腳是我，腳砍下來是我嗎？沒有一個部位是我。如果我們把身體全部分解了以後，去找所謂的「我」，是找不到的。就像你買了輛BMW汽車，全部拆了，零件放地上，請問BMW哪裡去了？BMW汽車其實只是一個概念。我們人也是一樣，所謂的「我」，或者「你」，都是個概念，沒有真實的東西。真的把我們的身體全部分解了，就沒有我了。

我們再來看自己的心，我們的心存在嗎？所謂的心是我，心在哪裡呢？是在身體裡面呢？還是在身體外面呢？在上面、下面、左邊、右邊呢？還是裡面、外面呢？我們如果仔仔細細去找的話，所謂的我的這個心其實也是了不可得的。

既然從身、從心兩個方面都沒有我，因境因人而生的煩惱之事怎麼會有呢？「此乃根本上最切要之解決方法也。」這就是拔除了我的根本，因我所產生的所有的煩惱自然就徹底消除了。這就是印祖所傳授的非常重要的竅訣，這是如何對治煩惱習氣的要訣。

從暫時來講，我們要時時刻刻回光反照，時時刻刻保持正念，保持覺知，這是一個方法；從究竟來講，就是要證悟空性，了達無我的空性。如果我們真正地了達了無我的空性，在「我」的基礎上所產生的妄想、習氣當然就消除了；如果我們不能夠證悟無我的空性，最起碼要保持正知正念，保持一種覺知，不能夠每天渾渾噩噩。我們要時時刻刻保持一種覺照的功夫，這樣的話，雖然有妄念產生，但是不會被它帶走，這樣也就沒有問題了。

思考題

1. 什麼是真正的修行？
2. 如何判斷修行有所進步？
3. 很長時間修持卻少有進步，是在哪些地方出了問題？
4. 如果出現愈修習氣愈發的情況，應該怎麼做？
5. 什麼才是根治煩惱習氣最究竟的方法？
6. 人生處處皆修行，如何將座上的功夫應用在平時中？

第二十八講

如何在工作生活中修行

第二十八講

如何在工作生活中修行

原文

作事時，不能念茲在茲者。以未到一心不亂境界，則心無二用，難免間隔。苟能常存覺照，亦無所礙。

（節選自《印光法師文鈔》【增廣卷二·書二】復馬契西居士書五）

所言俗務糾纏，無法擺脫者。正當糾纏時，但能不隨所轉，則即糾纏便是擺脫。如鏡照像，像來不拒，像去不留。若不知此義，縱令屏除俗務，一無事事。仍然皆散妄心，糾纏堅固，不能灑脫。學道之人，必須素位而行，盡己之分。如是則終日俗務糾纏，終日逍遙物外。所謂一心無住，萬境俱閑，六塵不惡，還同正覺者，此之謂也。

（節選自《印光法師文鈔》【增廣卷二·書二】復徐彥如軼如二居士書）

我們平時做事的時候，應該怎麼來對治習氣呢？印祖是這樣說的：

◆作事時，不能念茲在茲者。以未到一心不亂境界，則心無二用，難免間隔。苟能常存覺照，亦無所礙。

我們做事情的時候，可能還不能夠念佛、持咒，也不能夠安住於心的本性，為什麼？因為我們沒有達到一心不亂的境界，所以這個心，一心不能二用，修行和做事情還不能打成一片。真正功夫好的人，他可以安住在空性之中做任何的事情，做事情不妨礙他安住空性，安住空性不妨礙他做事情。念佛、持咒也是一樣，功夫好的人在任何的時候都可以持咒，在任何的時候都可以念佛，跟做事情沒有妨礙。但是我們一般人，因為功夫不行，所以做不到。

我們如果不能夠在做事情的時候持咒、念佛、誦經，那麼做事情的時候應該怎麼辦？「苟能常存覺照，亦無所礙」，最關鍵就是「常存覺照」，時時刻刻保持覺知。印祖說這就是一種修行，能夠保持覺知就沒有障礙。

一個人所謂的惡業都是來自於失去覺知、失去正念。如果時時刻刻保持覺知、保持正念的話，那麼就不會有惡業，當然就沒有問題。

覺知有兩種：一種是沒有證悟之前的覺知，就是在做什麼的時候，知道自己在做什麼，這就叫覺知。當然這種覺知並不是證悟的境界，但是如果能夠保持這種覺知，就說明非常清醒，沒有迷糊。另一種是證悟之後的覺知，這種覺知更加殊勝了，是超越所有的二元對立的覺知，這是證悟以後才能做到的，這也是需要一定功夫的，大家要明白這一點。

下面我們再來看一段，這也是印祖教我們在日常生活當中如何修行。當然這一段，境界非常之高，大家一起來學習一下。

◆所言俗務糾纏，無法擺脫者，正當糾纏時，但能不隨所轉，則即糾纏便是擺脫。

在家人不能夠不做事情、不上班、不處理家務，那麼如何才能擺脫很多的俗務糾纏呢？印祖說：「正當糾纏時，但能不隨所轉，則即糾纏便是擺脫。」什麼意思呢？既然我們不能夠擺脫這些事情，就要去做。但做的時候，不被這些事情所轉，這樣的話，「糾纏便是擺脫」。這句話非常高級，但很難理解，用我們一句話來說就是「煩惱就是菩提」的意思。

那麼，煩惱為什麼是菩提，糾纏為什麼便是擺脫呢？下面印祖打了個比方：

◆如鏡照像，像來不拒，像去不留。若不知此義，縱令屏除俗務，一無事事。仍然皆散妄心，糾纏堅固，不能灑脫。

我們的心要像鏡子一樣，事情來了，我們會在心裡出現反應；事情去了，我們心裡也不留下任何執著。我們要做到，事情來和去的時候，都是一樣的。我們心裡清清楚楚，明明白白，並沒有執著，就像鏡子一樣。

鏡子可以把任何東西照得清清楚楚，但是鏡子本身並沒有執著。鏡子照到一個美女，不會歡喜若狂；照到一個醜人，也不會產生討厭之心。鏡子就是清清楚楚、明明白白，但沒有任何執著。我們的心也要訓練成這個樣子。任何事情，我們都是清清楚楚、明明白白，該做什麼做什麼，我們內心當中沒有執著，如鏡子一般，「像來不拒，像去不留」。

如果不懂得這個要訣、方法，哪怕什麼事情都不做，內心還是會非常散亂，也不能夠獲得真正的解脫。

◆學道之人，必須素位而行，盡己之分。如是則終日俗務糾纏，終日逍遙物外。

我們修行人要盡本分、負責任。不能什麼事都不做，必須要把自己本分的事情做好。自己是什麼地位就要做好什麼地位的事情。

這樣哪怕終日都是俗務纏身，內心當中卻沒有任何執著。就像鏡子一樣把任何東西都照得清清楚楚，但是鏡子本身空無一物。

◆所謂一心無住，萬境俱閑，六塵不惡，還同正覺者，此之謂也。

這是禪宗裡面的要訣。

「六塵不惡」是什麼意思呢？我們的眼睛看到色法，耳朵聽到聲音，鼻子聞到香臭的味道，舌頭遇到好和不好的味道，觸就是觸覺，遇到舒服和不舒服的感受，內心當中想起好的和不好的事情，六根對六塵就會產生種種的妄念。如果我們知道，「六塵」本身就是我們自心所化現的，自心所投射的，我們不用去討厭六塵。「惡」，就是抗拒和討厭的意思。

斷除道的修法，就是遮蔽六塵。六塵和六根不相對，我們就沒有問題了，但事實上這是不可能的，因為六塵本身並沒有害我們，是我們內心當中的執著害我們。當我們面對六塵的時候，內心當中不執著，就像鏡子一樣。鏡子照任何東西，它都不執著，但是照任何東西，都可以照得清清楚楚。我們的心也是一樣，我們面對六塵的時候，所有的對錯、好壞，我們都清清楚楚，但是我們內心當中沒有任何執著，這樣的話，六塵就不會傷害我們。「六塵不惡，還同正覺」，我們就可以於六塵境界當中獲大自在。

這就是印祖所說的道理。當然這一段是比較深的，這是我們嚮往的一種境界，我們希望未來能夠有這樣的一種境界。首先我們要瞭解，我們確實可以做到「不惡六塵，還同正覺」。並不是要把六塵全部拋棄了才能夠成正覺，真正的六塵全部拋棄了，你也成不了正覺。

「六塵不惡，還同正覺」，這都是轉化道、頓悟道以及自解脫道的境界。如果我們去遮蔽六塵、遠離六塵，那就是斷除道的修法。印祖教我們的是一個轉化道、頓悟道和自解脫道的修法。

「如鏡照像，像來不拒，像去不留」，這就是屬於自解脫道的一個描述。什麼叫自解脫道？任何事情自動解脫。鏡子就是一個很好的比喻，東西出現在它面前的時候，它能夠清清楚楚地照出來；但是清清楚楚照出來的同時，鏡子本身並沒有執著。我們的心也是一樣，如果我們能夠了知一切，但是內心當中沒有任何執著，這樣的話，我們就可以獲得解脫了。

思考題

1. 我們修行和做事情為什麼還不能打成一片？
2. 我們如果不能夠在做事情的時候持咒、念佛、誦經，那麼我們做事情的時候應該怎麼修行？
3. 覺知有哪兩種？
4. 印祖說「糾纏便是擺脫」，為什麼糾纏就是擺脫呢？
5. 「如鏡照像，像來不拒，像去不留」，這裡的鏡子比喻什麼？像又比喻什麼？怎麼理解這個比喻？
6. 什麼是六根？什麼是六塵？

結語

印祖對我們如何修身齊家治國平天下，在家人如何修行，乃至於如何了脫生死，都已經一一開示了，而且可以說，都開示得非常詳細了。從我們如何成家立業，到如何求子、如何懷孕胎教、如何教育孩子，等等，都已經說得非常清楚了。大家還要去好好消化一下，關鍵是要按照印祖所說的好好去力行。

希望大家能夠世出世間功德圓滿，最後都能夠自利利他，自覺覺他，解脫成佛。祝大家一切吉祥如意！

橡樹林文化 ❖❖ 善知識系列 ❖❖ 書目

JB0001	狂喜之後	傑克・康菲爾德◎著	380 元
JB0002	抉擇未來	達賴喇嘛◎著	250 元
JB0003	佛性的遊戲	舒亞・達斯喇嘛◎著	300 元
JB0004	東方大日	邱陽・創巴仁波切◎著	300 元
JB0005	幸福的修煉	達賴喇嘛◎著	230 元
JB0006	與生命相約	一行禪師◎著	240 元
JB0007	森林中的法語	阿姜查◎著	320 元
JB0008	重讀釋迦牟尼	陳兵◎著	320 元
JB0009	你可以不生氣	一行禪師◎著	230 元
JB0010	禪修地圖	達賴喇嘛◎著	280 元
JB0011	你可以不怕死	一行禪師◎著	250 元
JB0012	平靜的第一堂課——觀呼吸	德寶法師◎著	260 元
JB0013X	正念的奇蹟	一行禪師◎著	220 元
JB0014X	觀照的奇蹟	一行禪師◎著	220 元
JB0015	阿姜查的禪修世界——戒	阿姜查◎著	220 元
JB0016	阿姜查的禪修世界——定	阿姜查◎著	250 元
JB0017	阿姜查的禪修世界——慧	阿姜查◎著	230 元
JB0018X	遠離四種執著	究給・企千仁波切◎著	280 元
JB0019X	禪者的初心	鈴木俊隆◎著	220 元
JB0020X	心的導引	薩姜・米龐仁波切◎著	240 元
JB0021X	佛陀的聖弟子傳 1	向智長老◎著	240 元
JB0022	佛陀的聖弟子傳 2	向智長老◎著	200 元
JB0023	佛陀的聖弟子傳 3	向智長老◎著	200 元
JB0024	佛陀的聖弟子傳 4	向智長老◎著	260 元
JB0025	正念的四個練習	喜戒禪師◎著	260 元
JB0026	遇見藥師佛	堪千創古仁波切◎著	270 元
JB0027	見佛殺佛	一行禪師◎著	220 元
JB0028	無常	阿姜查◎著	220 元
JB0029	覺悟勇士	邱陽・創巴仁波切◎著	230 元
JB0030	正念之道	向智長老◎著	280 元

JB0031	師父——與阿姜查共處的歲月	保羅・布里特◎著	260元
JB0032	統御你的世界	薩姜・米龐仁波切◎著	240元
JB0033	親近釋迦牟尼佛	髻智比丘◎著	430元
JB0034	藏傳佛教的第一堂課	卡盧仁波切◎著	300元
JB0035	拙火之樂	圖敦・耶喜喇嘛◎著	280元
JB0036	心與科學的交會	亞瑟・札炯克◎著	330元
JB0037	你可以，愛	一行禪師◎著	220元
JB0038	專注力	B・艾倫・華勒士◎著	250元
JB0039X	輪迴的故事	堪欽慈誠羅珠◎著	270元
JB0040	成佛的藍圖	堪千創古仁波切◎著	270元
JB0041	事情並非總是如此	鈴木俊隆禪師◎著	240元
JB0042	祈禱的力量	一行禪師◎著	250元
JB0043	培養慈悲心	圖丹・卻准◎著	320元
JB0044	當光亮照破黑暗	達賴喇嘛◎著	300元
JB0045	覺照在當下	優婆夷　紀・那那蓉◎著	300元
JB0046	大手印暨觀音儀軌修法	卡盧仁波切◎著	340元
JB0047X	蔣貢康楚閉關手冊	蔣貢康楚羅卓泰耶◎著	260元
JB0048	開始學習禪修	凱薩琳・麥唐諾◎著	300元
JB0049	我可以這樣改變人生	堪布慈囊仁波切◎著	250元
JB0050	不生氣的生活	W・伐札梅諦◎著	250元
JB0051	智慧明光：《心經》	堪布慈囊仁波切◎著	250元
JB0052	一心走路	一行禪師◎著	280元
JB0054	觀世音菩薩妙明教示	堪布慈囊仁波切◎著	350元
JB0055	世界心精華寶	貝瑪仁增仁波切◎著	280元
JB0056	到達心靈的彼岸	堪千・阿貝仁波切◎著	220元
JB0057	慈心禪	慈濟瓦法師◎著	230元
JB0058	慈悲與智見	達賴喇嘛◎著	320元
JB0059	親愛的喇嘛梭巴	喇嘛梭巴仁波切◎著	320元
JB0060	轉心	蔣康祖古仁波切◎著	260元
JB0061	遇見上師之後	詹杜固仁波切◎著	320元
JB0062X	白話《菩提道次第廣論》	宗喀巴大師◎著	500元
JB0063	離死之心	竹慶本樂仁波切◎著	400元
JB0064	生命真正的力量	一行禪師◎著	280元
JB0065	夢瑜伽與自然光的修習	南開諾布仁波切◎著	280元

JB0066	實證佛教導論	呂真觀◎著	500元
JB0067	最勇敢的女性菩薩──綠度母	堪布慈囊仁波切◎著	350元
JB0068	建設淨土──《阿彌陀經》禪解	一行禪師◎著	240元
JB0069	接觸大地──與佛陀的親密對話	一行禪師◎著	220元
JB0070	安住於清淨自性中	達賴喇嘛◎著	480元
JB0071/72	菩薩行的祕密【上下冊】	佛子希瓦拉◎著	799元
JB0073	穿越六道輪迴之旅	德洛達娃多瑪◎著	280元
JB0074	突破修道上的唯物	邱陽．創巴仁波切◎著	320元
JB0075	生死的幻覺	白瑪格桑仁波切◎著	380元
JB0076	如何修觀音	堪布慈囊仁波切◎著	260元
JB0077	死亡的藝術	波卡仁波切◎著	250元
JB0078	見之道	根松仁波切◎著	330元
JB0079	彩虹丹青	祖古．烏金仁波切◎著	340元
JB0080	我的極樂大願	卓千拉貢仁波切◎著	260元
JB0081	再捻佛語妙花	祖古．烏金仁波切◎著	250元
JB0082	進入禪定的第一堂課	德寶法師◎著	300元
JB0083	藏傳密續的真相	圖敦．耶喜喇嘛◎著	300元
JB0084	鮮活的覺性	堪千創古仁波切◎著	350元
JB0085	本智光照	遍智　吉美林巴◎著	380元
JB0086	普賢王如來祈願文	竹慶本樂仁波切◎著	320元
JB0087	禪林風雨	果煜法師◎著	360元
JB0088	不依執修之佛果	敦珠林巴◎著	320元
JB0089	本智光照──功德寶藏論　密宗分講記	遍智　吉美林巴◎著	340元
JB0090	三主要道論	堪布慈囊仁波切◎講解	280元
JB0091	千手千眼觀音齋戒──紐涅的修持法	汪遷仁波切◎著	400元
JB0092	回到家，我看見真心	一行禪師◎著	220元
JB0093	愛對了	一行禪師◎著	260元
JB0094	追求幸福的開始：薩迦法王教你如何修行	尊勝的薩迦法王◎著	300元
JB0095	次第花開	希阿榮博堪布◎著	350元
JB0096	楞嚴貫心	果煜法師◎著	380元
JB0097	心安了，路就開了： 讓《佛說四十二章經》成為你人生的指引	釋悟因◎著	320元
JB0098	修行不入迷宮	札丘傑仁波切◎著	320元
JB0099	看自己的心，比看電影精彩	圖敦．耶喜喇嘛◎著	280元

JB0100	自性光明——法界寶庫論	大遍智　龍欽巴尊者◎著	480 元
JB0101	穿透《心經》：原來，你以為的只是假象	柳道成法師◎著	380 元
JB0102	直顯心之奧秘：大圓滿無二性的殊勝口訣	祖古貝瑪．里沙仁波切◎著	500 元
JB0103	一行禪師講《金剛經》	一行禪師◎著	320 元
JB0104	金錢與權力能帶給你什麼？ 一行禪師談生命真正的快樂	一行禪師◎著	300 元
JB0105	一行禪師談正念工作的奇蹟	一行禪師◎著	280 元
JB0106	大圓滿如幻休息論	大遍智　龍欽巴尊者◎著	320 元
JB0107	覺悟者的臨終贈言：《定日百法》	帕當巴桑傑大師◎著 堪布慈囊仁波切◎講述	300 元
JB0108	放過自己：揭開我執的騙局，找回心的自在	圖敦．耶喜喇嘛◎著	280 元
JB0109	快樂來自心	喇嘛梭巴仁波切◎著	280 元
JB0110	正覺之道．佛子行廣釋	根讓仁波切◎著	550 元
JB0111	中觀勝義諦	果煜法師◎著	500 元
JB0112	觀修藥師佛——祈請藥師佛，能解決你的 困頓不安，感受身心療癒的奇蹟	堪千創古仁波切◎著	450 元
JB0113	與阿姜查共處的歲月	保羅．布里特◎著	300 元
JB0114	正念的四個練習	喜戒禪師◎著	300 元
JB0115	揭開身心的奧秘：阿毗達摩怎麼說？	善戒禪師◎著	420 元
JB0116	一行禪師講《阿彌陀經》	一行禪師◎著	260 元
JB0117	一生吉祥的三十八個祕訣	四明智廣◎著	350 元
JB0118	狂智	邱陽創巴仁波切◎著	380 元
JB0119	療癒身心的十種想——兼行「止禪」與「觀禪」 的實用指引，醫治無明、洞見無常的妙方	德寶法師◎著	320 元
JB0120	覺醒的明光	堪祖蘇南給稱仁波切◎著	350 元
JB0121	大圓滿禪定休息論	大遍智　龍欽巴尊者◎著	320 元
JB0122	正念的奇蹟（電影封面紀念版）	一行禪師◎著	250 元
JB0123	一行禪師　心如一畝田：唯識 50 頌	一行禪師◎著	360 元
JB0124	一行禪師　你可以不生氣：佛陀的情緒處方	一行禪師◎著	250 元
JB0125	三句擊要： 以三句口訣直指大圓滿見地、觀修與行持	巴珠仁波切◎著	300 元
JB0126	六妙門：禪修入門與進階	果煜法師◎著	360 元
JB0127	生死的幻覺	白瑪桑格仁波切◎著	380 元
JB0128	狂野的覺醒	竹慶本樂仁波切◎著	400 元
JB0129	禪修心經——萬物顯現，卻不真實存在	堪祖蘇南給稱仁波切◎著	350 元

JB0130	頂果欽哲法王：《上師相應法》	頂果欽哲法王◎著	320 元
JB0131	大手印之心：噶舉傳承上師心要教授	堪千創古仁切波◎著	500 元
JB0132	平心靜氣： 達賴喇嘛講《入菩薩行論》〈安忍品〉	達賴喇嘛◎著	380 元
JB0133	念住內觀：以直觀智解脫心	班迪達尊者◎著	380 元
JB0134	除障積福最強大之法──山淨煙供	堪祖蘇南給稱仁波切◎著	350 元
JB0135	撥雲見月：禪修與祖師悟道故事	確吉・尼瑪仁波切◎著	350 元
JB0136	醫者慈悲心：對醫護者的佛法指引	確吉・尼瑪仁波切 大衛・施林醫生 ◎著	350 元
JB0137	中陰指引──修習四中陰法教的訣竅	確吉・尼瑪仁波切◎著	350 元
JB0138	佛法的喜悅之道	確吉・尼瑪仁波切◎著	350 元
JB0139	當下了然智慧：無分別智禪修指南	確吉・尼瑪仁波切◎著	360 元
JB0140	生命的實相── 以四法印契入金剛乘的本覺修持	確吉・尼瑪仁波切◎著	360 元
JB0141	邱陽創巴仁波切 當野馬遇見上師：修心與慈觀	邱陽創巴仁波切◎著	350 元
JB0142	在家居士修行之道──印光大師教言選講	四明智廣◎著	320 元

橡樹林文化 ❖❖ 朝聖系列 ❖❖ 書目

JK0001	五台山與大圓滿：文殊道場朝聖指南	菩提洲◎著	500 元
JK0002	蓮師在西藏：大藏區蓮師聖地巡禮	邱常梵◎著	700 元
JK0003	觀音在西藏：遇見世間最美麗的佛菩薩	邱常梵◎著	700 元

橡樹林文化 ❖❖ 圖解佛學系列 ❖❖ 書目

JL0001	圖解西藏生死書	張宏實◎著	420 元
JL0002	圖解佛教八識	洪朝吉◎著	260 元

橡樹林文化 ❖❖ 成就者傳紀系列 ❖❖ 書目

JS0001	惹瓊巴傳	堪千創古仁波切◎著	260 元
JS0002	曼達拉娃佛母傳	喇嘛卻南、桑傑・康卓◎英譯	350 元
JS0003	伊喜・措嘉佛母傳	嘉華・蔣秋、南開・寧波◎伏藏書錄	400 元
JS0004	無畏金剛智光： 怙主敦珠仁波切的生平與傳奇	堪布才旺・董嘉仁波切◎著	400 元
JS0005	珍稀寶庫——薩迦總巴創派宗師貢嘎南嘉傳	嘉敦・強秋旺嘉◎著	350 元
JS0006	帝洛巴傳	堪千創古仁波切◎著	260 元
JS0007	南懷瑾的最後 100 天	王國平◎著	380 元
JS0008	偉大的不丹傳奇・五大伏藏王之一 貝瑪林巴之生平與伏藏教法	貝瑪林巴◎取藏	450 元
JS0009	噶舉三祖師：馬爾巴傳	堪千創古仁波切◎著	300 元
JS0010	噶舉三祖師：密勒日巴傳	堪千創古仁波切◎著	280 元
JS0011	噶舉三祖師：岡波巴傳	堪千創古仁波切◎著	280 元
JS0012	法界遍智全知法王——龍欽巴傳	蔣巴・麥堪哲・史都爾◎著	380 元
JS0013	藏傳佛法最受歡迎的聖者—— 瘋聖竹巴袞列傳奇生平與道歌	格西札浦根敦仁欽◎藏文彙編	380 元
JS0014	大成就者傳奇：54 位密續大師的悟道故事	凱斯・道曼◎英譯	500 元

橡樹林文化 ❖❖ 蓮師文集系列 ❖❖ 書目

JA0001	空行法教	伊喜・措嘉佛母輯錄付藏	260 元
JA0002	蓮師傳	伊喜・措嘉記錄撰寫	380 元
JA0003	蓮師心要建言	艾瑞克・貝瑪・昆桑◎藏譯英	350 元
JA0004	白蓮花	蔣貢米龐仁波切◎著	260 元
JA0005	松嶺寶藏	蓮花生大士◎著	330 元
JA0006	自然解脫	蓮花生大士◎著	400 元
JA0007/8	智慧之光 1/2	根本文◎蓮花生大士／釋論◎蔣貢・康楚	799 元
JA0009	障礙遍除：蓮師心要修持	蓮花生大士◎著	450 元

善知識系列 JB0142

在家居士修行之道──印光大師教言選講

作　　者／四明智廣
編　　輯／汪姿郡、夏衛娟
業　　務／顏宏紋

總 編 輯／張嘉芳
出　　版／橡樹林文化
城邦文化事業股份有限公司
104 台北市民生東路二段 141 號 5 樓
電話：(02) 2500-7696　傳真：(02) 2500-1951
發　　行／英屬蓋曼群島商家庭傳媒股份有限公司城邦分公司
104 台北市中山區民生東路二段 141 號 2 樓
客服服務專線：(02) 25007718；25001991
24 小時傳真專線：(02) 25001990；25001991
服務時間：週一至週五上午 09:30 ～ 12:00；下午 13:30 ～ 17:00
劃撥帳號：19863813　戶名：書虫股份有限公司
讀者服務信箱：service@readingclub.com.tw
香港發行所／城邦（香港）出版集團有限公司
香港灣仔駱克道 193 號東超商業中心 1 樓
電話：(852) 25086231　傳真：(852) 25789337
Email: hkcite@biznetvigator.com
馬新發行所／城邦（馬新）出版集團【Cité (M) Sdn.Bhd. (458372 U)】
41, Jalan Radin Anum, Bandar Baru Sri Petaling,
57000 Kuala Lumpur, Malaysia.
電話：(603) 90578822　傳真：(603) 90576622
Email：cite@cite.com.my

封面設計／兩棵酸梅
內文排版／張靜怡
印　　刷／韋懋實業有限公司

初版一刷／ 2020 年 4 月
ISBN ／ 978-986-98548-7-0
定價／ 320 元

城邦讀書花園
www.cite.com.tw

國家圖書館出版品預行編目（CIP）資料

在家居士修行之道──印光大師教言選講 / 四明智廣著 . -- 初版 . -- 臺北市：橡樹林文化，城邦文化出版：家庭傳媒城邦分公司發行，2020.04
面；　公分 . --（善知識系列；JB0142）
ISBN 978-986-98548-7-0（平裝）

1. 居士 2. 佛教修持 3. 生活指導

225.9　　109003534

廣 告 回 函
北區郵政管理局登記證
北 台 字 第 10158 號

郵資已付 免貼郵票

104 台北市中山區民生東路二段 141 號 5 樓

城邦文化事業股份有限公司

橡樹林出版事業部 收

請沿虛線剪下對折裝訂寄回，謝謝！

橡樹林

書名：在家居士修行之道──印光大師教言選講　書號：JB0142

橡樹林文化

讀者回函卡

感謝您對橡樹林出版社之支持，請將您的建議提供給我們參考與改進；請別忘了給我們一些鼓勵，我們會更加努力，出版好書與您結緣。

姓名：＿＿＿＿＿＿＿＿＿＿ □女 □男 生日：西元＿＿＿＿＿年

Email：＿＿＿＿＿＿＿＿＿＿＿＿＿＿＿＿＿＿＿＿

● 您從何處知道此書？

□書店 □書訊 □書評 □報紙 □廣播 □網路 □廣告 DM □親友介紹

□橡樹林電子報 □其他＿＿＿＿＿＿

● 您以何種方式購買本書？

□誠品書店 □誠品網路書店 □金石堂書店 □金石堂網路書店

□博客來網路書店 □其他＿＿＿＿＿＿

● 您希望我們未來出版哪一種主題的書？（可複選）

□佛法生活應用 □教理 □實修法門介紹 □大師開示 □大師傳記

□佛教圖解百科 □其他＿＿＿＿＿＿

● 您對本書的建議：

＿＿＿＿＿＿＿＿＿＿＿＿＿＿＿＿＿＿＿＿

＿＿＿＿＿＿＿＿＿＿＿＿＿＿＿＿＿＿＿＿

＿＿＿＿＿＿＿＿＿＿＿＿＿＿＿＿＿＿＿＿

＿＿＿＿＿＿＿＿＿＿＿＿＿＿＿＿＿＿＿＿

＿＿＿＿＿＿＿＿＿＿＿＿＿＿＿＿＿＿＿＿

非常感謝您提供基本資料，基於行銷及客戶管理或其他合於營業登記項目或章程所定業務需要之目的，家庭傳媒集團（即英屬蓋曼群商家庭傳媒股份有限公司城邦分公司、城邦文化事業股分有限公司、書虫股分有限公司、墨刻出版股分有限公司、城邦原創股分有限公司）於本集團之營運期間及地區內，將不定期以MAIL訊息發送方式，利用您的個人資料於提供讀者產品相關之消費與活動訊息，如您有依照個資法第三條或其他需服務之業務，得致電本公司客服。

我已經完全瞭解左述內容，並同意本人資料依上述範圍內使用。

＿＿＿＿＿＿＿＿＿＿＿＿（簽名）